广西
设施农业发展研究

GUANGXI
SHESHI NONGYE FAZHAN YANJIU

林树恒 等 编著

中国农业出版社
农村读物出版社
北 京

本书编委会

编委会主任　林树恒

编委会副主任　封善坚　唐秀宋　陈振东　车江旅
　　　　　　　许忠裕　陆翠萍　温东强　蓝桃菊

编　　　委（按姓氏笔画排序）
　　　　　　　邓国仙　李　洋　汪羽宁　张　棵
　　　　　　　唐　娟　容建波　韩富任　黎丽菊

主　　　编　林树恒

副　主　编　陈振东　车江旅　许忠裕　陆翠萍
　　　　　　　温东强　蓝桃菊

其他编写人员（按姓氏笔画排序）
　　　　　　　邓国仙　叶建强　李　洋　汪羽宁
　　　　　　　张　棵　唐　娟　容建波　黎丽菊

前 言 FOREWORD //////////

　　党的二十大报告对"三农"工作作出了强化农业科技和装备支撑、发展设施农业等一系列重大决策部署，提出加快建设农业强国，并深刻阐释了中国式现代化的本质、内涵与要求。加快建设农业强国，一个重要支撑就是农业的现代化，农业从大到强的发展进程必然伴随着农业现代化的实现过程。习近平总书记在不同时间点、不同场合多次就农业的现代化作出重要论述，指明了推进中国式现代化的农业发展方向。广西是在全国农业地位十分突出的农业大省区，农业资源条件优，农业发展基础好，农业产业规模大，在第二个百年奋斗目标新征程上同样面对着加快推进农业的现代化发展、加快建设现代特色农业强区的时代使命。推进实现农业的现代化、实现农业的由大到强，广西需要找到一条生产更有效率、发展更有质量的现代特色农业发展路径。

　　设施农业集合现代科技、现代装备等现代要素，有利于推动农业发展方式转变、提高农业生产效率效益、实现农业稳产保供增收。山东、辽宁、江西、广东一些省份先后大力发展设施农业，依靠设施农业加快了产业转型升级，促进了农业高质量发展。广西发展设施农业，也有着良好条件、有着巨大潜力、有着转型需求、有着拓展空间。走设施农业发展之路，是广西贯彻落实习近平新时代中国特色社会主义思想的发展实践，是广西在"十四五"期间促进现代特色农业转型升级、构建现代化农业产业体系、推动农业高质量发展、推进乡村产业振兴的路径选择和重要抓手。

近年来，自治区党委、政府高度重视设施农业发展，在狠抓推进 2021 年农业重点工作时召开了全区设施农业发展现场会，在谋划部署 2022 年农业高质量发展时又将设施农业作为自治区人民政府第一季度务虚会研究主题。在自治区农业农村厅牵头下，广西农业科学院、广西乡村振兴战略研究院承担了自治区人民政府第一季度务虚会调研任务，组成专题调研组对广西设施农业发展情况进行了专题调研。《广西设施农业发展研究》一书，正是基于自治区人民政府设施农业务虚会专题调研成果深化、拓展而来。

本书在成稿过程中，得到了自治区农业农村厅的大力支持，深入了贺州市、桂林市、贵港市、玉林市以及部分设施农业企业、合作社开展实地调查，对重点设施产业、重点设施技术、重点设施模式等聚焦研究、系统分析。本书还是广西首批高端智库建设培育单位研究成果和广西农业科学院基本科研业务专项项目研究成果，旨在为广西设施农业发展提供借鉴参考。

本书的顺利完成与有关部门、专家学者以及各界有识之士的大力支持密不可分，在此特别致以衷心的感谢。由于时间仓促、水平有限以及资料收集难度较大，书中难免存在疏漏和不足之处，恳请广大读者指正和包涵。

编　者

2022 年 10 月

目 录 CONTENTS ///////////

前言

第一章　研究背景与发展意义 ················· 1

　一、研究背景 ····························· 3

　二、发展意义 ····························· 7

第二章　国内外研究综述 ··················· 11

　一、国外研究综述 ······················· 13

　二、国内研究综述 ······················· 16

第三章　广西设施农业发展现状分析 ········· 21

　一、广西设施农业发展总体成效 ··········· 23

　二、广西设施蔬菜发展现状分析 ··········· 29

　三、广西设施食用菌发展现状分析 ········· 38

　四、广西桑蚕、畜禽、渔业设施化生产现状分析 ·········· 50

第四章　广西设施农业发展实践案例 ········· 61

　一、贺州市设施农业发展的实践探索 ······· 63

二、桂林市设施农业发展的实践探索 ……………… 66

三、贵港市设施农业发展的实践探索 ……………… 69

四、玉林市设施农业发展的实践探索 ……………… 73

五、广西设施农业发展的典型案例 ………………… 75

第五章　广西设施农业发展态势分析 ……………… 93

一、广西发展设施农业具备的优势 ………………… 95

二、广西发展设施农业存在的问题 ………………… 96

三、广西发展设施农业迎来的机遇 ………………… 100

四、广西发展设施农业面临的挑战 ………………… 102

第六章　广西设施农业发展战略构思 ……………… 105

一、"十四五"时期广西设施农业发展总体思路 ……… 107

二、"十四五"时期广西设施蔬菜发展战略构思 ……… 111

三、"十四五"时期广西设施食用菌发展战略构思 …… 115

四、"十四五"时期广西设施桑蚕发展战略构思 ……… 118

五、"十四五"时期广西设施水产畜牧业发展战略构思 …… 120

第七章　广西设施农业发展对策建议 ……………… 125

一、突出市场导向，打造优势大产业 ……………… 127

二、创新技术集成，加强科技大支撑 ……………… 130

三、突出队伍建设，建立人才大体系 ……………… 132

四、统筹多元投入，构建投资大渠道 ……………… 134

五、强化政策支持，优化发展大格局 ……………… 136

主要参考文献 ………………………………………… 139

第一章

研究背景与发展意义

一、研究背景

（一）中央高度重视，谋划了一系列顶层设计

党的十八以来，以习近平同志为核心的党中央高度重视农业发展，对发展现代农业和推进农业农村现代化谋划了一系列顶层设计。

习近平总书记多次指出农业出路在现代化，强调现代高效农业是农民致富的好路子，强调把提高农业综合生产能力放在更加突出的位置。2013 年 11 月，习近平总书记在山东考察时强调，要给农业插上科技的翅膀，按照增产增效并重、良种良法配套、农机农艺结合、生产生态协调的原则，促进农业技术集成化、劳动过程机械化、生产经营信息化、安全环保法治化，加快构建适应高产、优质、高效、生态、安全农业发展要求的技术体系。2020 年 12 月，习近平总书记在中央农村工作会议上强调，既要用物联网、大数据等现代信息技术发展智慧农业，也要加快补上烘干仓储、冷链保鲜、农业机械等现代农业物质装备短板，特别是要加大农业重要装备自主研制力度，加强动植物防疫检疫体系、防灾减灾体系等建设。2021 年 12 月，习近平总书记在中央经济工作会议上强调，把提高农业综合生产能力放在更加突出的位置，持续推进高标准农田建设，深入实施种业振兴行动，提高农机装备水平，保障种粮农民合理收益，确保口粮绝对安全、谷物基本自给，提高油料、大豆产能和自给率。2022 年 3 月，习近平总书记在看望参加政协会议的

农业界、社会福利和社会保障界委员时强调，要向森林要食物，向江河湖海要食物，向设施农业要食物，同时要从传统农作物和畜禽资源向更丰富的生物资源拓展，发展生物科技、生物产业，向植物动物微生物要热量、要蛋白。

近年出台的中央1号文件也多次在对现代农业的部署中，强调推进设施农业发展。其中，2022年中央1号文件《中共中央 国务院关于做好2022年全面推进乡村振兴重点工作的意见》，把发展设施农业列入重点工作，作为全力抓好粮食生产和重要农产品供给的重要举措，并聚焦设施农业发展的产业类型、技术集成、模式选择、用地支持等方面，提出了"因地制宜发展塑料大棚、日光温室、连栋温室等设施""集中建设育苗工厂化设施""鼓励发展工厂化集约养殖、立体生态养殖等新型养殖设施""推动水肥一体化、饲喂自动化、环境控制智能化等设施装备技术研发应用""探索利用可开发的空闲地、废弃地发展设施农业"等一系列有力措施。

此外，国家层面还在出台的一系列文件里，对发展设施农业进行了政策完善，健全了我国现代农业战略框架下和推进农业农村现代化阶段进程下的设施农业发展顶层设计。农业农村部、财政部、自然资源部等部门近年来先后印发《关于设施农业用地管理有关问题的通知》《关于实施渔业发展支持政策推动渔业高质量发展的通知》《关于加快推进设施种植机械化发展的意见》等政策文件，在产业布局、设施用地、财政资金等方面有力支撑设施农业发展。国家层面的一系列顶层设计，既充分表明国家对推进发展设施农业的高度重视，也为广西设施农业带来了重大发展机遇和营造了良好政策环境。

（二）广西高位推进，作出了一系列工作部署

自治区党委、政府深入贯彻习近平总书记关于"三农"工作重要论述、习近平总书记视察广西"4·27"重要讲话精神和对广西工作系列重要指示要求，贯彻落实党中央、国务院关于"三农"工作的重大决策，结合广西现代特色农业发展实际和推进农业农村现代化发展需求，明确在全区大力发展设施农业，将发展设施农业上升为扎实推进现代特色农业建设、稳住农业"基本盘"、保障粮食安全和重要农产品供给的战略抓手，以一系列部署、举措来高位推进。

一方面，召开专题会议部署推进。2021年12月，自治区在贺州市召开全区设施农业发展现场会，自治区党委、政府分管领导出席会议并作工作部署，自治区党委农办和自治区发展改革委、科技厅、工业和信息化厅、财政厅、自然资源厅、生态环境厅、农业农村厅、乡村振兴局、农科院，广西农垦集团、广西农投集团等有关单位以及全区14个设区市参加会议，专题部署推进广西设施农业发展工作，提出了广西设施农业发展目标，明确了提速扩面、提质增效、提档升级的广西设施农业高质量发展方向。2022年第一季度，自治区政府部署开展设施农业发展专题调研，并列为自治区政府2022年第一季度务虚会研究主题，专题研究推进广西设施农业发展的主要思路和实施路径，研究制定设施农业发展行动方案。

另一方面，构建政策体系保障推进。出台的《中共广西壮族自治区委员会 广西壮族自治区人民政府关于全面推进乡村振兴加快农业农村现代化的实施意见》，明确提出以工业化理念和产业化思维谋划发展现代特色农业、提升粮食和重要农产品供给保障能力、大力发展设施渔业、扩大地方政府一般债券和专项债券用于支持现

代农业设施建设和乡村建设的规模等。出台的《广西壮族自治区自然资源厅 广西壮族自治区农业农村厅关于进一步加强和规范我区设施农业用地管理的通知》，从明确设施农业用地范围、合理确定设施农业用地选址和规模、规范设施农业用地、加强设施农业用地监管等四个大方面，对广西发展设施农业进行了政策明确和细化，为全区各地开展设施农业生产提供了专项政策保障。此外，各市党委、政府根据自治区部署要求，结合本地发展实际，进行了设施农业发展的产业布局、政策配套和项目跟进，示范创建了一批设施农业基地，形成了全区上下合力推进设施农业高质高效发展的产业格局。

（三）"十四五"加快发展，明确了一系列政策措施

"十四五"时期是乘势而上开启全面建设社会主义现代化国家新征程、向第二个百年奋斗目标进军的第一个五年规划期，从国家到自治区层面的"十四五"系列规划，都对包括设施农业在内的现代农业发展进行了规划布局和发展部署，形成了加快推进农业现代化的规划体系。

国家层面的规划上，国务院印发的《"十四五"推进农业农村现代化规划》，将发展设施农业作为保障重要农产品有效供给的主要措施之一，作为服务国家重大战略和推进西部地区农牧业全产业链价值链转型升级的产业支撑，明确提出因地制宜发展林果业、中药材、食用菌等特色产业，大力发展高效旱作农业、节水型设施农业、戈壁农业、寒旱农业，提升畜牧水产养殖主要品种、重点环节、规模养殖场以及设施农业的机械化水平。

自治区层面的规划上，《广西壮族自治区国民经济和社会发展

第十四个五年规划和 2035 年远景目标纲要》在谋划"十四五"时期经济社会发展战略举措时明确提出加快建设现代特色农业强区，在部署推进增强农业综合生产能力时明确提出积极发展设施农业、强化农业设施装备支撑；《广西推进农业农村现代化"十四五"规划》则对发展设施农业作出了进一步具体化的规划部署，把设施农业作为三大现代农业支撑产业之一并明确了任务、提出了措施，重点推动蔬菜、畜牧、渔业、特色水果、桑蚕、食用菌等产业领域的设施农业发展，构建完善设施农业的种业保障体系、现代经营体系、科技支撑体系、质量保障体系和服务体系，建设一批规模化高效设施种养业基地和园区。

二、发展意义

（一）发展设施农业，是推进农业农村现代化的需要

推进农业农村现代化，是"十四五"时期"三农"工作的重点。农业农村现代化包括农业的现代化和农村的现代化这"一体两面"，事关我国全面推进乡村振兴和建设社会主义现代化强国的大局。农业的现代化具有技术含量高、生产效率高、生产能力强等特点，需要水、电、农膜、肥料、农药、良种、农业机械等先进技术、模式集成的支撑。广西作为传统的农业大省区，农业资源条件相对较好，但农业产业总体上仍然是规模大而不强、产品多而不优，农业的现代化仍然处在相对较低的程度，具体表现在对现代要素的整合能力不足，与二三产业的融合程度不深，标准化、信息化、装备化程度较高的生产方式尚未普遍应用，生产力

释放程度与现代特色农业强区的要求不适应。设施农业作为先进技术、模式集成的一种生产方式，引入现代化的要素到农业生产全过程中，对提升广西农业的现代化能力和水平，具有重要的现实意义。

（二）发展设施农业，是农业高质量发展的需要

"十四五"时期的发展主题是高质量发展，农业高质量转型需要向高质高效生产方式转变；广西加快向现代特色农业强区和农业农村现代化迈进，也需要高质高效的现代农业支撑产业。设施农业是现代农业的显著标志，是推动农业高质量发展的现代化生产方式。经过多年持续扎实推进现代特色农业建设，广西现代特色农业的多个产业规模在全国地位突出，但产业发展的整体质量仍然不优、生产效益相对低下，不少产业仍以传统生产方式为主，面积虽大但总产不大、单产不高，在"十四五"时期亟待向高质量发展转型升级。大力发展设施农业，全面提升现代特色农业的质量和效益，对提高广西农业的内涵式发展水平和提升广西农业融入全国大市场的核心竞争力，具有重要的现实意义。

（三）发展设施农业，是促进农民增收的需要

全面建成小康社会，增加农民收入是关键；巩固拓展脱贫成果，增加农民收入仍是关键；最终实现共同富裕，增加农民收入还是关键。发展现代农业，促进农业高质量发展，要坚持把带动农民就业增收作为基本导向，把广大农民对美好生活的向往作为持续动力，把维护广大农民根本利益、促进广大农民共同富裕作为根本出

发点和最终落脚点，通过提升产业生产效率、生产效益和综合效能，把就业机会和产业链增值收益留给农民。设施农业因生产效率较高而具备经济效益较高的特征，通过大力发展设施农业，能够带动农民进入到高质高效的农业生产之中，对促进农民在参与现代特色农业发展中实现增加收入，具有重要的现实意义。

国内外研究综述

一、国外研究综述

20世纪下半叶，设施农业真正作为一种产业在国外得到快速发展。欧美国家设施农业一般以家庭农场为主要经营主体，经营规模一般在3~5公顷。目前，以美国、日本、荷兰、以色列等为代表的发达国家设施农业已具备了设备完善、技术规范、产量稳定、质量安全可靠等特点，也形成了集温室研究制造、生产要素聚集、生产资料配套、储藏运输等为一体的现代设施农业产业体系。

发达国家关于设施农业的研究更加注重实际操作以及科学理论方面，在设施农业高新技术装备及其自动化、高效生产配套技术、设施农业节能环保技术等方面已经形成了比较完善的研究体系。其现代化设施农业基本能够根据作物不同生长阶段对设施内温度、湿度、光照、水分、营养、CO_2浓度等不同环境因子的需求进行自动监控，将温室各环境因子调控成最适宜动植物生长发育的状态，使动植物基本摆脱或免受外界环境因素的干扰，达到作物周年生产和均衡上市的目的。

设施农业生产自动化和智能化研究是主要方向。随着现代工业不断向农业领域渗透，将工业领域的自动化、智能化先进技术运用到设施农业生产管理中，发展工厂化设施农业，以实现设施农业自动化和智能化生产成为国际研究热点。在基础理论研究层面，Shilo（2014）研究认为要想提高设施农业发展水平，必须将工业等其他行业技术移植到设施农业中进行深度融合发展。Ali

Mohammadi（2013）分析认为发达国家设施农业之所以能够得到快速发展，重要原因在于技术的提高和信息化技术的广泛应用。Rehman（2014）认为设施农业发展中高科技的应用能够显著提高设施农业发展水平，并推动设施农业更好地向智能农业方向发展。在实际应用研究层面，国外设施农业生产自动化和智能化研究主要聚焦以下两方面：一是设施农业作物高效生产管理模型研究，这是设施农业自动化智能化管理的前提和基础，其通过对设施农业作物生理生态信息与环境、营养之间的定量规律研究，建立作物数字化生长模型，为设施农业精准精细管理提供理论依据。如荷兰开发出了番茄、黄瓜等数字化生长模型，对包括整枝方式、栽培密度、基于天气和植株生育状况的环境管理指标、不同生长阶段的水肥管理指标、病虫害预防和控制技术等进行了量化。二是设施农业数据自动化智能化采集与控制系统软硬件开发研究，通过研究开发环境、生理、营养等生物物理传感器，利用互联网、大数据、云平台等信息技术，以及人工神经网络、遗传算法、模糊控制策略等智能控制技术，开发设施农业数据采集与控制系统，逐步实现设施环境智能化管理。如荷兰将环境智能控制系统应用于现代设施花卉生产中，可以依据花卉不同生长阶段对不同环境因子的需求，利用物联网技术对设施环境因子进行多维调控，并结合遥感技术、管理专家系统、地理信息系统等高新技术对鲜花从移栽、生长、采收到包装储运、自检自控等流程中的信息、图像进行信息化管理，实现了鲜花生产的高度自动化。美国、日本、以色列等通过研究设施农业作物生长发育与环境、营养之间的定量关系，构建作物生长模型和环境控制信息化模型并应用到设施农业生产管理中，降低了设施农业系统能耗和运行成本。日本大力发展植物工厂系统，利用传感器对温室内的环境因子进行自动化采集和校验，将数据传输至计算机、手机等终端，实现了生产过程的自动化、智能化和可视化。20 世纪80 年代中期以来，随着工业机器人、计算机、图像处理技术和人工智能技术的日益成熟，以日本、荷兰、英国和美国为代表的一些设施农业发达国家开始着眼于温室管理机器人的研究探索，并成功试验了多种具有人工智能的机器人，如番茄采摘机器人、葡萄采摘机器人、黄瓜收获机器人、西瓜收获机器人、甘蓝采摘机器人、蘑菇采摘机器人以及喷药、嫁接、搬运机器人等，一批温室管理机器人已经进入中试阶段，极大促进了"设施农业＋智慧农业"的融合发展。

设施农业低碳节能与绿色环保技术得到广泛关注。受能源危机、温室气体限排、环境保护等规制影响，发达国家在设施农业发展过程中非常重视低碳节能与绿色环保技术的研发利用，这也成为欧美发达国家设施农业领域重要的研究课题，例如美国学者Talbot Kelly（2012）认为要想有效地促进设施农业可持续发展，减少农药化肥投入量、减少设施农业对环境的迫害，促进设施农业与环境和谐共处是重要途径之一。国外发达国家也通常将低碳节能、绿色环保作为设施农业的前提条件，设施农业技术装备研究、生产栽培技术研究开始更多关注设施设备节能与生产的生态环保。在节能利用方面，节能新材料、新技术和新能源在设施农业上的利用研究是主要方向。如在设施农业中开发利用风能、太阳能等新能源，加强对浅层地热资源及工业余热的回收利用，开发应用节能光源 LED 设备等。同时对温室大棚的建造材料和建造设计进行改进研究，包括提高温室覆盖材料透光率、防止温室内部向外热辐射损耗、优化温室建设结构等，以提高设施农业生产效率和资源利用率。如荷兰等一些国家通过对温室的覆盖材料进行镀膜处理来改变材料性能，使其阻止长波向外辐射而减少热损耗来实现温室节能。

在设施类型与结构设计研究方面，研究认为大型温室有利于提高土地利用率、提升环境控制稳定性以及节约能源。因此，国外的温室普遍趋向大型化、工厂化，以及结构轻简化。例如美国加利福尼亚州新建温室的单体面积都在1公顷以上，荷兰设施类型大多为文洛型连栋温室，布局采用平行三段式结构，单体温室面积在4～5公顷。在资源高效利用和环境保护方面，主要开展温室精准施肥、雨水收集、水资源和营养液循环利用、土壤大气环境保护、无土栽培、植物组织培养、生物防治技术等相关技术研究，尽量减少资源的浪费和设施生产对环境的破坏。例如无土栽培技术以人造作物根系环境取代自然土壤环境，可以有效解决传统土壤栽培中难以解决的水分、空气、养分的供应矛盾，为植物创造最适宜的"土壤"环境，无土栽培正成为设施农业中飞速发展的新兴学科。欧盟甚至规定所有的温室无土栽培都必须采用闭路循环系统，通过对栽培系统末端营养液的回收、过滤和消毒，再经过对营养液成分的检测与补充，最后将其重新投入温室循环使用，实现节水30％～40％、节肥35％～40％，同时减少营养液外排对周边环境造成的污染。在雨水收集利用方面通过温室天沟与输水管路的连接，将雨水收集到温室附近的蓄水池中，再通过过滤、净化等措施，用于温室的灌溉。为减少设施农业中农药的环境污染，设施农业发达的国家普遍开始在设施农业中研究利用生物防治技术、生态调控技术防治设施蔬菜病虫害。如荷兰温室的青椒，其采用生物防治技术的比例已经达到80％～90％。

二、国内研究综述

我国人多地少，资源与人口矛盾日益尖锐，发展设施农业可逐步缓解自然资源对经济发展的限制，有效解决资源短缺问题。从我国近现代农业历史看，20 世纪 50 年代中期，我国开始出现小规模的覆盖技术、土温室等老经验土设备设施农业；到 60 年代中期开始出现较大规模的温室小棚，设施农业水平有了进一步提升；80 年代初基本上形成了以薄膜覆盖、加温温室等设施为主的设施农业发展模式；进入 90 年代后，随着工业化、信息化等的快速发展，规模化、产业化、自动化等理念开始在设施农业中广泛应用。目前，设施农业在我国大部分地区得到推广应用，设施农业总量面积已居世界第一，约占世界设施农业总面积的 80%。起初，我国的设施农业以引进模仿为主，真正的设施农业科研工作起步于 20 世纪 80 年代初，国内学者围绕我国设施农业发展前景、存在问题、发展措施、技术装备等方面进行了广泛而深入的研究探讨，经过近 40 年的发展，取得了丰富的科研成果，为进一步促进我国设施农业高质量可持续发展奠定了坚实基础。

设施农业发展问题研究，是国内对于设施农业研究的一个重要方面。王焕然（2006）研究认为设施农业是农业发展的一个重大变革，是实现农业发展的必然结果。李文荣（2015）认为在我国发展设施农业是践行农业发展新理念和推动农业可持续发展的重要举措。翟子鹤等（2018）研究认为，设施农业能够同时带动现代农业相关产业发展，将成为我国现代农业中最具活力与发展潜力的产业。但是，不可忽视的是，我国设施农业发展仍然存在技术问题、资金问题、用地问题、品种问题、管理问题等诸多制约因素。国内学者已广泛意识到我国设施农业普遍存在配套设施不够完善、专业化产业化水平低、设施栽培品种单一、劳动力利用效率低、管理水平较低、运行管理机制不健全等发展问题。如杨曙辉等（2011）研究提出我国设施农业存在发展观念滞后、技术水平相对较低、存在农产品质量安全隐患、科技应用水平不足等问题，并且提出相对应的建议和对策，期望能够促进设施农业进一步可持续性发展。郭世荣等（2012）认为设施结构不合理、生产安全性较差、环境调控能力差、设施栽培品种少、栽培技术不够规范、数字信息技术等普及率低及应用效果差等是我国设施农业发展面临的主要问题。张震等（2015）研究指出我国设施农业存在宏观管理不到位、资金投入不合理、配套技术不完整、机械化水平低、市场化程度低、缺乏技术人员、区域发展不平衡等诸多问题短板。

设施农业发展对策研究，是国内对于设施农业研究的另一个重要方面。针对我国设施农业存在的发展问题，学者们开展了系统的应对策略研究，提出了加强设施农业知识普及教育、增加设施农业科研投入、培育特色设施农业品种、发挥龙头企业示范效应、完善设施农业制度保障体系等发展模式和发展技术上的对策建议。如在发展模式选择上，黄美云等学者（2014）分析研究认为利用示范基地可以更好地推进设施农业发展；张震等（2015）认为要加强政府政策引导，加强设施农业科技研发和技术推广，推动设施农业市场化发展，重点示范"生产—加工—销售"的设施农业全产业链发展模式。杜艳艳（2010）研究指出，随着我国土地资源、水资源、能源资源以及人力资源的不断紧张，我国设施农业将面临资源短缺和农村劳动力不断转移的新问题，创新设施农业工程技术，用现代农业设施建造设计技术、信息技术、环境控制技术、生物技术和新材料武装设施农业，实现设施农业环境控制自动化、信息化、节能化是我国设施农业高质量发展的重要路径。张巧利等（2014）通过对天津市设施农业的研究提出以工厂化的农业发展理念升级现有的设施农业科技标准化系统。付姝宏（2014）以辽宁省为实证研究对象指出发展专业化、技术性强的农业品种可以提升设施农业的发展水平和影响力。崔明端（2013）、陈青云（2014）、郑海燕（2013）等研究认为政府要在设施农业发展过程中发挥重要作用，对发展设施农业提供资金、技术等多种支撑和服务。曾飔婷等（2015）则认为实施设施农业农产品"走出去"战略有助于推动我国设施农业高质量发展。

设施农业高新技术装备研究，是国内对于设施农业研究的又一个重要方面。设施农业技术装备研究一直是国际研究热点，也是我国设施农业高质量发展亟待突破的瓶颈。张柏铭等（2014）分析认为如果想提高设施农业的产量，应该重视科技化、机械化的应用。邢希君等（2017）分析指出在设施农业中发展"物联网＋智慧农业"是未来设施农业发展的重要技术方向，能够很大程度提高生产效率与经营者收益水平。国内学者相继围绕设施农业植物生理生态检测和环境调控系统、设施农业高新技术装备等领域开展了研究和攻关，开发研制出植物生理生态监测系统和基于以太网的温室环境智能化调控系统、移动式无土栽培基质消毒与营养液循环再利用技术装备、土壤消毒设备、温室精确育苗与移植设备、嫁接用大粒种子定向播种机、自动化嫁接复式作业装备和自动化幼苗移钵装备等，推动我国设施农业先进技术装备逐渐从自国外引进走向自主研发。随着现代信息技术的发展，我国设施农业研究也从单一环境因子的控制研究转向相互作用耦合的多元变量调节研究，控制技术从定值开关控制转向多种智能控制技术集成融合，并在实际生产中创造了良好的经济效益。例如，毛罕平等（1996）成功设计了由温湿度子系统、光照子系统、加热子系统、灌溉子系统等多个系统组成的植物工程系统，这是我国典型的国产化温室测控系统。中国农业科学院环境与可持续发展研究所研究开发的LED光源植物苗工厂，用节能LED光源替代传统的荧光灯光源，并根据植物苗对光环境的要求，进行了系统的研究，构建了国内第一个用人工光源的植物苗工厂，成果已在部分地区植物组织培养、蔬菜与花卉工厂化生产等领域示范应用。虽然在设施农业技术装备研究领域我国已取得一定成果，但因国内缺乏统一的技术规范，各个厂家的产品之间兼容性差，且大多存在价格高、可靠性差、地域匹配率低等问题，导致设施环境监控系统难以在全国范围内进行大面积推广应用。

第三章

广西设施农业发展
现状分析

一、广西设施农业发展总体成效

（一）产业规模稳步扩大

"十三五"期末，广西设施农业产值 1 500 多亿元，占农林牧渔业总产值的 25.36％。2021 年，广西设施农业进一步发展，成为农业产业发展的新增长点，其中设施蔬菜面积达 16.2 万亩，产值 152 亿元，面积年增长速度保持在 8％的较高水平，巩固和提升了广西"南菜北运"和大湾区"菜篮子"基地的重要地位；设施水果面积 381.55 万亩、产量 671 万吨、产值 245.5 亿元，分别占全区水果总面积的 18.14％、总产量的 23.98％、总产值的 22.81％，助推广西水果产业发展成为千亿元产业；设施化高标准桑园面积 86.67 万亩，优质蚕茧产量 14.85 万吨，优质蚕茧产值 75.88 亿元，分别占全区总量的 30.13％、36.45％、36.45％；设施食用菌鲜品产量约 83 万吨，约占全区食用菌鲜品总产量的 83％，设施化栽培的金福菇产量位居全国第一；设施渔业产量 178 万吨、产值 530 亿元，产量占全区水产养殖总产量超 60％，金鲳鱼产量排在全国第 1 位；设施畜禽产值达 885 亿元，占全区畜牧业总产值的 62％，畜牧业设施规模化率达 61.58％；93.4％的规模养殖场通过自治区生态养殖认证，规模养殖场粪污处理设施装备配套率达 99.4％。

（二）设施水平不断提升

近年来，广西设施种植业、设施畜牧业和设施渔业的生产设施设备不断迭代升级，设施水平加快迈向现代化。在设施种植业方面，温棚类型由过去简单的小拱棚、塑料大（中）棚发展到现在的日光温室、四位一体温室和智能连栋温室等多种类型；设施栽培由最初的使用简便设施技术，向水肥一体化、设施标准化、管理数字化提升。在设施畜牧业方面，从过去小规模家庭围栏养殖，到高架床适度规模养殖，再到现在的立体聚落式楼房养殖，高架漏缝地板、自动刮粪、饮水防溢漏、异位发酵床、多层笼舍、天面全覆盖（部分盖透光瓦）等畜禽现代化养殖设施广泛使用；粪污处理技术由简单发酵处理、粪污微生物处理向生态循环综合利用提升，绿色畜牧业设施养殖技术进一步推广应用。在设施渔业方面，从传统池塘养殖、江河网箱养殖向陆基圆池循环水养殖、工厂化循环水养殖、工程化（跑道式）循环水养殖和深水抗风浪网箱养殖等多种模式更迭，大力推进池塘标准化、大水面生态增养殖、浅海滩涂贝类养殖排筏和稻渔综合种养等设施升级改造，不断升级规模化深水网箱、底播养殖、浮筏等海洋渔业养殖方式，引入10万吨级全封闭游弋式大型养殖工船，陆地和海洋渔业设施不断换代提升。

（三）经营能力拓展升级

一是设施农业新型经营主体加快规模化、特色化、专业化发展。截至2021年底，全区共有农业产业化重点龙头企业1 574家，其中引进培育了京基智农、金穗集团、嘉联丝绸等一批经营规模大、技术水平高、市场开拓能力和带动能力强的设施农业龙头企业。二是设施农业应对市场、开拓市场的竞争力不断提升。通过发展设施农业，实现了从提供面向普通市场的一般农产品，向开拓高端市场提供精品农产品转变。如贺州市作为全区最大的设施农业产业长廊建设地和最大的露天栽培设施蔬菜供港基地，针对粤港澳大湾区和京津冀、长三角城市群大城市等高端市场需求，重点生产豆杯、彩椒等高品质高效益的农产品，大幅提升了设施农业的产业效益。三是创新设施农业产业化发展模式。积极发展订单农业，大力推广"龙头企业＋基地＋农户""公司＋合作社＋农户"等产销一体化产业发展模式，实现设施农业全产业链各环节紧密相连，同步同向发展。如扬翔公司积极在业内推广 FPF 未来猪场智能平台，通过推动新一代信息技术在生猪屠宰加工基地、肉食品精深加工领域的研发与应用，使智慧设施农业与生猪产业生产经营深度融合，打造从农场到餐桌的智慧全产业链。广西新佳恒公司通过自营彩椒种植基地，派遣技术人员为农户提供高质量田间生产技术服务的方式，带动各基地周边 1 000 多户大棚种植户种植彩椒。

（四）科技支撑有效增强

自治区农科院、畜牧研究所、水产研究院等自治区级科研机构相继成立设施农业创新团队，广西农业科技创新联盟组建了农业产业科技先锋队，与设施农业龙头企业建立科企协同创新机制，创新建立了具有广西特色的"创新团队研发攻关＋科技先锋队指导推广＋市场主体应用"的"三位一体"设施农业科技支撑体系。探索创新、集成推广了一批在全国领先的设施农业生产技术，如示范推广优质蔬菜集约化育苗、水肥一体化、高垄栽培、反季节栽培等提质增效技术，实现特色果蔬周年生产；推广以"三避"为中心的水果防灾设施和技术，年均减少损失 50 万吨以上；扬翔公司首创的"集群式楼房智能化猪场"成果被农业农村部科技发展中心评价为总体处于国际领先水平；在全国首创高低架网床生态养殖技术，实现生猪养殖过程优质、高效、生态、安全良性循环，全区采用此项技术的规模生猪养殖场达 90％以上；创新陆基高位圆池循环水养殖技术，实现高密度养殖和循环水利用，该项技术被农业农村部列入 2021 年全国农业十大引领性技术；创新形成集约化叠框式小蚕共育、大蚕省力化地面育、自动化上蔟与机械化采茧等桑蚕生产实用技术，全区专业化小蚕共育率达 85.10％、方格蔟应用率达 76.80％以上。

（五）增产增收效果明显

近年来，全区各地把设施农业作为农业产业调结构、提效率、促增收的重点方向，推动设施农业龙头企业与基地、农户构建完善紧密的利益联结机制，通过发展设施农业产业实现了高产出高效益，联农带农成效显著。如贺州市种植设施蔬菜（含食用菌）11.55 万亩，规模畜禽养殖场机械化率达 90％以上，建设陆基循环水生态渔业设施 212 个，围绕"平台公司＋民营企业＋本地企业＋村集体＋种植大户＋普通农户"的产业化经营模式，探索实行"六统一分"规模经营联农带农机制，2021 年全市设施农业产值超 5 亿元，助农增收超 6 000 万元，促进实现第一产业增加值增长 9.2％、排在全区第 3 位；北海市建设设施农业面积 19.67 万亩，大棚设施农业亩均产值超 3 万元、纯收入 1.5 万元以上，经济效益达到传统露天种植模式的 7 倍到 15 倍，建立水产品加工企业与养殖农户养、购、销一体化合作模式，形成了企业和农户互利共赢局面，2021 年全市设施农产品产值达 23.67 亿元，带动农民人均增收 1 303 元以上。

（六）资金投入持续增加

自治区对设施农业发展高度重视，资金支持力度不断加大。2021 年，全区一般公共预算农林水科目支出安排 835.31 亿元，比 2020 年增长 4.43%，连续 5 年保持增长。由自治区农业农村厅部门分配或使用的项目资金 160.56 亿元（中央资金 119.70 亿元，自治区资金 40.86 亿元），其中自治区筹措各类资金 23.84 亿元（中央资金 17.26 亿元，自治区资金 6.58 亿元），支持包括设施农业发展的有关支出。自治区财政多举措多途径加大设施农业投入力度：一是筹措中央和自治区农业生产发展资金 10.49 亿元（中央资金 7.68 亿元，自治区资金 2.81 亿元），支持农业绿色高产创建、农业产业融合发展（国家现代农业产业园、产业集群、产业强镇）、农产品产地冷藏设施、供深供港和出口农产品示范基地创建、规模生猪企业圈舍升级改造、肉牛（奶水牛）肉羊现代化养殖示范等项目建设。二是筹措中央成品油价格调整对渔业补助资金 8.08 亿元，支持水产健康养殖和生态养殖示范区创建、渔港标准化升级改造等海洋渔业发展项目建设。三是筹措自治区乡村振兴补助资金 3.77 亿元支持粮食、果蔬、茶、桑蚕、糖业等 7 个重点农业产业项目建设。四是筹措中央渔业发展补助资金 1.5 亿元，支持国家级沿海渔港经济区、近海渔船更新改造、远洋渔船船上设备更新改造、深水网箱标准箱建设、水产品初加工和冷藏保鲜设施设备等项目建设。此外，自治区还筹措财政衔接推进乡村补助资金167.19亿元（中央资金103.83亿元，自治区资金63.36亿元），要求投入产业发展的比重不低于50%，各地可按要求因地制宜统筹支持当地设施农业发展；筹措安排2022年资金135.63亿元（中央102.86亿元，自治区32.77亿元）投入支持设施农业发展。

（七）金融渠道不断拓宽

金融政策支持渠道不断拓宽，自治区积极用好用足中央和国家政策，多方对接相关部委，争取中央项目资金支持。2021年利用国家绿色高质高效创建项目，在蔬菜方面落实400万元项目资金支持贺州市八步区和桂林市龙胜各族自治县等开展蔬菜绿色高质高效创建，培育发展龙脊辣椒等地理标志保护品种，重点打造供粤港澳大湾区设施蔬菜基地。充分利用"桂惠贷"政策、农业保险、地方政府债券等拓宽设施蔬菜发展的资金渠道，有效解决设施蔬菜发展资金问题以及降低投资主体风险。截至2022年3月末，"桂惠贷"投向包含设施蔬菜在内的农业项目42.9亿元（"三农贷"23.6亿元）。2021年，筹措自治区资金1亿元奖补新建的高架网床环保猪舍和肉牛（奶水牛）肉羊生态养殖示范场199家，新建了高架网床环保猪舍和牛羊生态养殖栏舍76.69万平方米。引导金融机构聚焦生猪、家禽工厂化集约养殖与渔业立体生态养殖等设施养殖业，以及水肥一体化、饲喂自动化、环境控制智能化等设施装备技术研发应用发展。

二、广西设施蔬菜发展现状分析

（一）广西蔬菜生产及设施蔬菜发展的总体情况

1. 蔬菜生产基本情况

近 10 年来，广西蔬菜产业快速发展，年均种植面积增速 7.4%、产量增速 10.6%，形成了北部湾、右江河谷、湘桂通道、西江流域四大主要产区。到 2020 年，广西蔬菜播种面积 2 303.9 万亩（图 3-1），仅次于粮食作物，占全国的 7.2%，排名第 2 位；产量 3 830.9 万吨，占全国的 5.1%，排名第 8 位；产值突破 1 000 亿元，占全区农林牧渔业总产值的 17%、种植业总产值的 30%。

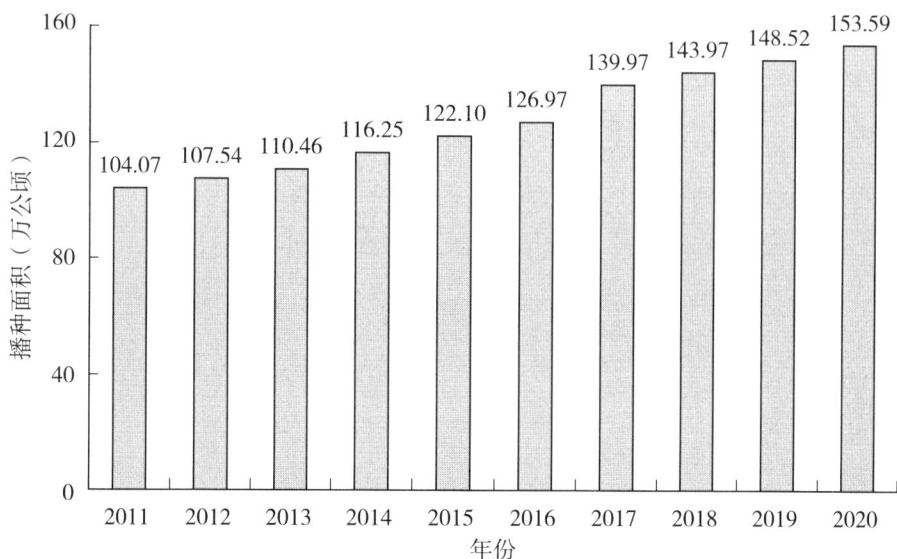

图 3-1　2011—2020 年广西蔬菜播种面积

全区14个设区市中蔬菜种植面积超过100万亩的有10个，超过200万亩的有3个。同时，作为"南菜北运""西菜东运"和供港蔬菜的重要生产基地，广西每年外销蔬菜超过2 000万吨，产品远销长江流域、"三北"（华北、东北和西北）地区及粤港澳大湾区。蔬菜产业已成为广西农业支柱产业，对全区农业经济稳增长意义重大。

广西蔬菜产业发展成就主要得益于几个方面：一是自治区党委、政府高度重视，措施得力；二是光温资源丰富，冬春季可以露天种植；三是区位优势突出，承载东部发达地区产业转移；四是秋冬蔬菜正好补充北方产季空档期，种菜比较效益高，农民积极性高。

2. 设施蔬菜发展基本情况

我国设施蔬菜种植主要分布在黄淮海及环渤海湾地区和长江中下游地区，其面积占全国设施蔬菜栽培总面积的77%。山东省设施蔬菜种植面积最大，约900万亩，年总产量也是最高，达5 000万吨以上。山东省寿光市是设施蔬菜发源地，也是目前全国最大的设施蔬菜生产基地。山东与江苏、河北、辽宁、安徽、河南、陕西7省共占全国设施蔬菜面积的69%，山东与河北、辽宁、江苏、河南5省共生产出全国设施蔬菜总量的2/3。与广西相邻的云南、贵州、江西等省份正在加快发展设施蔬菜，全力打造大湾区"后菜园"。

与设施蔬菜产业较发达地区相比，广西的总规模偏小，产业还处在发展的初级阶段。至2021年底，全区设施蔬菜播种面积约22.2万亩，仅占全年蔬菜播种面积的0.96%，设施蔬菜占地面积约16.2万亩，设施建筑面积约14.4万亩。从设施的结构类型上看，小拱棚建筑面积占总建筑面积的47.4%，连栋大棚、日光温室及大型连栋温室加起来占比仅为 8.8%。设施蔬菜种植主要集中在北海市、贺州市、南宁市和桂林市,以种植辣椒、番茄、茄子、黄瓜、苦瓜、丝瓜等作物为主,主要销往粤港澳大湾区以及北京、上海等地。

广西设施蔬菜虽然规模不大,但效益较好。比如,北海市利用独特的温光资源大力发展设施蔬菜,截至 2021 年底,银海区果蔬大棚建设面积达到 2 万亩,实现年产值 4.5 亿元,带动辖区 2 000 多户农户致富。贺州市通过发挥毗邻粤港澳的区位优势,大力发展集约化、规模化、智能化设施蔬菜,先后在平桂区建立 5 000 多亩设施蔬菜基地,2020 年亩产值 5 万元以上,被评为 2021 年全国乡村特色产业十亿元镇。

(二)广西蔬菜生产及设施蔬菜发展的做法经验

1. 突出区位优势,发展优质产业

广西光热资源丰富,雨热同期,属于亚热带季风气候区,年均气温 17~22℃,年日照时数 1 300~2 250 小时,无霜期 280~340 天,降水量 1 000~2 800 毫米,非常适合蔬菜生产。同时,广西南濒北部湾,东邻粤港澳大湾区,处于中国东南沿海地区和大西南地区的交汇地带,也是中国与东南亚经济联系的枢纽地域,发展蔬菜产业的区位优势显著。

例如,贺州市借助"东融"快车,把设施农业作为促进农业增效、农民增收的突破口,以平桂区设施蔬菜为引领,大力推广大棚蔬菜种植等设施农业技术,开展"圳品"认证,积极搭建产销平台,有 18 个基地获得粤港澳大湾区"菜篮子"生产基地和加工基地认证,是全区获得认证基地最多的地市。贺州市每年约 70% 的

蔬菜销往大湾区市场，已成为名副其实的粤港澳大湾区"菜篮子"基地。

2. 坚持市场导向，保障顺产顺销

广西是全国"南菜北运"最早试点的三个省份之一。气候条件上，广西冬季温暖湿润，比云南更适合冬春蔬菜生产；运输条件上，广西比海南更便利，商品蔬菜可运至京津冀、"三北"地区，拥有更广阔的冬春蔬菜消费市场。

"十三五"期末，广西作为全国最大的秋冬蔬菜生产基地，可供应冬春北方淡季需求的大白菜、甘蓝、萝卜、番茄、辣椒、茄子、豇豆、黄瓜、南瓜、苦瓜、冬节瓜、葱姜蒜等30余种蔬菜。例如，合浦县以石湾镇、石康镇为中心，形成了年种植面积15万亩以上的豇豆种植区域，早春北运产量占总产量的80%以上。作为供港蔬菜生产基地，贺州市明确以大湾区为主的市场定位，主推市场短缺的高产优质品种，坚持市场导向为主，保障顺产顺销，八步区铺门镇、莲塘镇等地生产的粤宝2号供港毛节瓜等产品占粤港澳大湾区该类产品消费总量的80%以上。

3. 善用设施设备，做好产期调节

设施能有效提高生产综合效益，通过合理使用设施设备，优化产期安排生产，使光温资源利用最大化。

例如，北海等地的瓜类蔬菜上市时间比海南省略迟，但又比广西其他产区以及湖南、云南、贵州、福建、江西等地早，恰好接档海南蔬菜的收市时间，在蔬菜苗期推广应用大棚、早春双膜覆盖等设施，辅以点花保果等技术，可以把产期调控在每年3月下旬至5月，实现产值效益最大化。

4. 制定激励政策，积极推动发展

全区各地充分发挥产业政策导向作用，加大信贷支持和金融扶持力度，发展蔬菜保险业，培育龙头企业、农民合作社、家庭农场、专业大户等主体成为蔬菜产业主力军，突出农民的主动性、积极性，营造了"农民主动干、配合政府干"的良好氛围和发展局面。

例如，北海市银海区坚持以转变农业发展方式为主线，以发展设施农业为重点，先后出台了《银海区果蔬产业（核心）示范区现代特色农业扶持办法》《北海市银海区大棚果蔬产业项目实施方案》等系列扶持政策，积极推广大棚果蔬产业发展。2021 年，北海市银海区果蔬大棚建设面积达 2 万亩，实现年产值近 4.5 亿元，亩产值达 3 万元以上，辖区 2 000 多户农户（其中脱贫户 300 多户）因为种植大棚果蔬走上了致富路。

5. 创新经营模式，提升组织水平

广西各地在设施蔬菜发展中，不断优化创新经营模式，总结形成了"龙头企业＋基地＋合作社＋种植户"的组织生产模式，形成了紧密的蔬菜种植与销售利益联结共同体，提高了农业劳动生产率、土地产出率、资源利用率和产业回报率。

例如，贺州市通过招商引资，先后引进山东寿光蔬菜产业集团、广东深圳华盛集团等龙头企业到该市发展设施蔬菜产业，建成全区最大的设施农业产业长廊"平桂区现代设施农业产业园"和全区最大的露天栽培设施蔬菜供港基地"八步区东融供港蔬菜产业核心示范区"。截至 2021 年底，贺州市种植设施蔬菜 11.55 万亩，建成标准化大棚 700 多个，设施蔬菜产业在贺州市得到快速发展。

（三）广西蔬菜生产及设施蔬菜发展存在的主要问题

1. 设施用地保障不足，规模化效应受限制

全区现有耕地面积 4 961 万亩，比第二次调查结果少了 1 168

万亩，减幅达 19.1%。有限的耕地首先要保障粮食安全和重要农产品供给，设施农业用地方面受限较多，新建设施农业可供使用的一般耕地并不多，扩大发展设施蔬菜受到限制，对保障设施用地提出了更高更严要求。

2. 标准化生产不完善，技术集成转化不足

在安全高品质蔬菜需求与日俱增的情况下，支撑产业发展的节本高效轻简生产技术紧缺。广西各蔬菜产区生产基地建设主要依赖从区外引进的设施和技术，本土化改造尚在适应阶段，造成种植户对适应产区的设施专用蔬菜品种不了解、种植技术把握不精准。同时，生产中存在茬口集中、生产档口有空缺、连作障碍和生产不规范造成病虫害日趋严重、产品品质产量不稳定、药肥投入过大、技术标准支持缺乏等一系列问题。适应广西生态环境的设施蔬菜专用优良品种、专用标准技术、专用设施设备等亟待明晰。

3. 产业规划不够清晰，基地建设不够科学

广西各地大力发展设施蔬菜产业，主要体现在奖补设施建设上，对产业的统筹布局和科学引导缺乏规划。设施生产基地建设随意性较强，部分设施结构跨度、朝向设计不科学，田间布局、作业路线规划不合理，水电路的配套考虑不够充分。设施类型五花八门，有些基地全套照搬其他地区的结构类型，没有考虑当地地形、风向、日照角度、温湿度等地理气候特点，棚内环境不利于作物生产，部分设施基地建好后因管理不善而闲置。

4. 关联产业发展滞后，建设投入成本较高

广西农业生产长期以传统作业方式为主，设施农业前端的专用种业、材料、装备、工程安装等产业发展还不成熟，后端产地批发市场、田头预冷等仓储冷链物流设施建设相对滞后。设施大棚材料几乎全由外地调入，导致建设成本相对较高。产品分拣、包装等尚未建立统一标准，以农业物联网和设施专用农机具等为代表的专业技术装备更为欠缺，设施化程度总体还较低。

5. 品牌建设数量较少，企业带动力不够强

在广西现有的设施蔬菜项目中，规模较大、现代化水平较高的项目，绝大部分都是外来企业参与投资建设和管理运营。本土从事设施蔬菜生产的农业企业总量少，集体经济组织、合作社、家庭农场发展能力不足，蔬菜品牌影响力不大。虽有连片设施蔬菜生产基地，但是尚未形成优质优价的品牌体系。

（四）广西发展设施蔬菜的必要性和可行性

1. 发展设施蔬菜的必要性

一是高质量发展的需要。蔬菜产业要实现现代化高质量发展，需要高效栽培技术、先进器械设备等农业高科技支撑，需要生产条件稳定、品质效益更高、趋向工厂化生产的设施栽培模式作为载体，传统的露天栽培模式难以保证先进农业技术高效发挥作用。这些方面的技术集成，是全国乃至全球蔬菜产业发展的经验总结和必由之路。

二是保供稳价的需要。广西是我国"南菜北运""西菜东运"的重要生产基地，对保障我国蔬菜周年安全供应有重大贡献。同时，设施可以有效避免季节性气候条件影响，保证蔬菜全年稳定生产。早春可覆膜防寒实现产品春季提早上市，在夏季可利用设施有效避雨提高产品品质，在秋冬季可延后栽培延长上市时间。设施对保障广西蔬菜外运、周年均衡供应以及提质增效的战略意义重大。

三是提高产出的需要。从全国情况看，设施栽培占比大的省份，蔬菜单产水平都在 3.5 吨/亩以上；而设施栽培占比小的省份，单产水平在 1.3～1.8 吨/亩。广西蔬菜面积排名全国第 2 位，产量排名全国第 8 位，单产 1.63 吨/亩，仅排在全国第 28 位，单位面积产出效率低。发展蔬菜设施生产，可有效提高单位面积产量和质量，因此加快发展设施蔬菜生产将有效促进产业提质增效、转型升级。

四是提升竞争力的需要。广西蔬菜以露天栽培为主，受自然条件影响较大，生产容易因灾受损，产品质量不稳定，标准难统一，不利于品牌打造，竞争力弱，必须在生产品质和生产效率上寻找突破口，才能在市场竞争中占有一席之地。设施化生产可以降低外部环境影响，为蔬菜生产的标准化、统一化、品牌化提供强力支撑。

五是提高资源利用率的需要。设施可将有限耕地、撂荒地与温光水、农业废弃物等资源进行优化配置，投入生产。一些产区采用棚膜覆盖可提高棚内平均温度 2～10℃，实现冬春无间断生产。一些作物可通过设施栽培大幅提高土地单位面积产量。广西可用耕地少，蔬菜生产靠扩面积要产量不可持续，发展设施栽培是必然选择。

六是增收增效的需要。设施生产投入产出比可达 1∶4.5，技术装备水平、集约化程度、科技含量以及比较效益都很高，是一个高投入、高技术集成、高产出、知识与劳动密集型的产业，可直接带动农户增收、产业增效。

2. 发展设施蔬菜的可行性

一是产业效益可观，促农增收有效。近年来，南宁市、北海市、贺州市、柳州市等城市周边都有发展设施蔬菜的成功实践，取得较好效益，面积不断扩大。如，2018 年以来，贺州市平桂区整合扶贫资金投入和引导企业投资，出台扶持政策，大力发展大棚蔬菜产业，在羊头镇建成设施大棚 4 000 多亩，形成广西最大的连片大棚蔬菜基地。基地由龙头企业实行统一管理，按 1 万元/（亩·年）的租金，分包给农户、家庭农场或合作社经营；企业统一供应种苗、统一技术培训和指导，并保价收购产品；扣除生产成本及大棚租金后，农户每亩获纯利可达 2 万元。北海市海城区珍品果蔬种植农民专业合作社带领村民种菜，从露天种植逐步转为大棚种植，正常市场行情下大棚蔬菜每亩每年能有 2 万～3 万元收入，而且不受 10 级以下台风影响，与以前露天种菜相比，收入更高更稳定。

二是光热资源丰富，发展优势显著。与北方相比，广西对蔬菜大棚保温功能要求低，材料成本投入相比更少，产出投入比更高。据在隆安县的四川菜农介绍，他们之所以到广西种辣椒，就是看中广西的光温条件，利用简单的拱棚就能在寒冬季节种植辣椒，成本比四川低；春节期间就上市供应，比四川提前半个月，可以抢占市场空当卖上好价钱，效益比在四川种植更可观。

三是消费市场稳定，市场前景良好。广西是我国重要的"南菜北运"蔬菜生产基地、全国最大的秋冬菜基地，2020 年广西全年农产品产量超 6 000 万吨，外运量达 2 400 万吨。广西也是"西菜东运"和供港蔬菜的重要生产基地，拥有大湾区发达城市中高端蔬菜产品的优良市场。广西南宁是东盟博览会的永久举办地，广西与东盟各国在农业交流与合作上具有天然优势，在出口商品蔬菜方面有很大的市场可以开拓。随着广西城镇化进程的加快，本地城镇蔬菜消费市场需求增量可观。

三、广西设施食用菌发展现状分析

(一) 广西食用菌生产的总体情况

食用菌产业是广西特色农业产业之一，对全区农业经济增长发挥了积极的作用。20 世纪七八十年代，广西曾是我国少数几个食用菌主产省区之一，主要栽培品种有香菇、木耳、双孢蘑菇等，其中双孢蘑菇总产量位居全国第 4～6 位。由广西南宁罐头厂出产的"象山"牌双孢蘑菇罐头曾是出口创汇的重要产品，曾为广西乃至国家出口创汇做出过重大贡献。2005 年，自治区政府将食用菌列为广西农业新兴优势产业，广西食用菌生产自此出现了跨越式发展。广西双孢蘑菇总产量曾于 2008—2011 年连续四年位列全国第二，并于 2012 年、2013 年连续两年排在全国首位，创造了全国每 4 朵双孢蘑菇中就有 1 朵产自广西的历史奇迹。根据广西统计局行业授权统计数据显示，2013 年，广西食用菌总产量、总产值分别达 120.26 万吨、100.12 亿元，双双突破百万大关，食用菌产业首次跨入百亿元产业俱乐部。2016 年，广西食用菌总产量高达 129 万吨，总产值高达 115 亿元，再创历史新高，总产量与总产值实现"十三连增"，食用菌产业发展成为仅次于粮食、甘蔗、水果、蔬菜的广西第五大种植业。

"十三五"以来，广西食用菌生产大县每年均保持在 23 个以上。食用菌产业曾经是广西贫困县脱贫首选产业之一，全区 54 个贫困县食用菌产量和产值占全区食用菌总产量和总产值的比例 5 年间逐年递增。2020 年，虽受疫情影响，广西食用菌总产量、总产值仍呈现强劲增长。根据中国食用菌协会最新公布数据显示，2020

年，广西食用菌总产量110.26万吨，居全国第15位，较2019年增长43.67%，增长率居全国首位；总产值92.47亿元，居全国第17位，较2019年增长27.28%。2020年，广西食用菌栽培面积超过100万平方米的县（市、区）有33个，产量超过1万吨的县（市、区）有28个，产值超过1亿元的县（市、区）有26个。截至2020年底，广西食用菌生产加工企业、合作社等上规模经营主体数量达到329家，其中合作社191家，企业107家，家庭农场29家，社团2家。广西已初步形成双孢蘑菇、香菇、木耳、平菇、桑枝秀珍菇、草菇等六大食用菌优势特色产区，产业逐步向资源优势区域集聚。广西多个食用菌品种产量多年位居全国前列，其中，野生红椎菌产量多年位居全国首位，全国10朵红椎菌中至少有8朵产自广西；而广西利用桑枝栽培食用菌的规模也常年稳居全国前列，年生产规模从2007年的几乎为零到近年来稳定超过1亿袋。全区涌现出"浦北红椎菌""融水灵芝"等一批"桂菌"区域品牌，其中"浦北红椎菌""田林灵芝""融水灵芝"等获得国家地理标志保护。

（二）广西设施食用菌发展的总体情况

1. 广西设施食用菌发展历程

广西食用菌生产起步相对较早，20世纪50年代就开始引进双孢蘑菇进行栽培。然而，直至20世纪70年代，人工接种技术在广西得到推广应用后，广西食用菌才形成产业。广西食用菌产业是伴随着改革开放而迅速发展起来的，也不过40多年的历史，然而，这40多年里广西食用菌产业却经历了房前屋后的庭院生产、特种蔬菜生产、集约化生产和工厂化生产四大阶段。广西在设施食用菌生产方面，主要模式有三种。第一种是家庭小作坊式生产模式，即以一家一户为主体的"小而散"生产模式，主要由农户以手工或辅以小型机械进行制包（棒），并采用简易棚、闲置屋舍等简易设施进行栽培。第二种是规模化、集约化生产模式，即以企业、合作社等为主要经营主体或以"企业（合作社）＋农户"为主体的规模化、集约化生产模式，主要由企业（合作社）采用中型乃至大型机械设备进行制包（棒），部分经营主体甚至已经实现机械化、自动化制包（棒），并采用养菌房、养菌室等设施养菌，待菌包（棒）长满菌丝后，由企业（合作社）等搬至其自营简易大棚、复式大棚等常温设施进行规模化出菇（耳），个别品种（如黑木耳）则主要采用喷淋设备进行露天出菇（耳），或是将菌包（棒）发给农户们采用常温设施进行出菇（耳）。生产上把实现自动化、智能化制包（棒），并采用常温设施和（或）相关设备进行出菇（耳）的生产模式，统称为半工厂化生产模式。第三种是工厂化生产模式，即以大中型企业为主体进行工厂化周年生产的集约化、规模化乃至智能化生产模式，主要由企业以机械化、自动化乃至智能化生产线进行制包（棒）或培养料发酵处理，并采用控温控湿乃至智能化设施进行工厂化养菌、出菇（耳）。2010 年以前，广西食用菌生产中第一种栽培模式一直占据着主导地位，随后其他两种生产模式逐渐增多，时至今日广西仍以第一、第二种生产模式为主。相较于前两种生产模式，广西食用菌工厂化生产模式起步相对较晚。工厂化发展主要分为两个阶段，从 2005 年到 2015 年，大致为广西食用菌工厂化发展导入阶段，至 2015 年，广西食用菌工厂化企业仅有 4 家；2015 年以后，广西食用菌工厂化进入了较快发展阶段，到 2021 年，食用菌工厂化生产、加工企业发展到 15家，生产规模也不断扩大。目前，除红椎菌、松乳菇等野生菌外，双孢蘑菇、香菇、毛木耳等大部分商业化生产的食用菌品种都采用设施进行栽培。

2. 广西设施食用菌生产现状

"十三五"以来，针对产业发展瓶颈问题，广西食用菌产业紧扣大健康理念，紧抓精准扶贫、乡村振兴等政策契机，通过资金立项、招商引资、龙头带动等一系列措施，围绕品种、品质、品牌"三品"提档升级，不断推进产业向设施化、规模化、专业化方向发展。进入"十四五"时期，广西食用菌千家万户"小而散"的传统生产模式已经逐渐减少，规模化、集约化栽培模式逐渐增多，其中双孢蘑菇、杏鲍菇、海鲜菇等 10 余个食用菌品种已实现工厂化周年生产。2020 年，虽受疫情影响，但在各级各部门和全行业积极应对下，通过采取多渠道加强菌用生产物资保障供应、及时调整生产计划、重点攻坚秋冬季食用菌产销、适当扩大热销品种生产规模等措施，并加快银耳工厂化生产线等一批在建项目竣工投产，设施食用菌规模化发展水平明显提升，设施食用菌总量也出现了强劲反弹。据不完全统计，2020 年，广西设施食用菌鲜品产量超过 80 万吨，占全区食用菌鲜品总量的 70% 以上。从品种结构看，2020 年广西设施食用菌产量前五的食用菌品种依次为双孢蘑菇、香菇、黑木耳、平菇、毛木耳，除毛木耳产量有所下降外，其余四个品类产量均有不同程度增加，其中，双孢蘑菇产量在 27 万吨以上，占食用菌总产量的 1/4 左右，较上年增长 23% 以上；香菇产量在 22 万吨以上，超过食用菌总产量的 1/5，比上年增长 230% 以上；广西有 5 个设施化栽培食用菌品种产量进入全国前五，其中，金福菇产量位居全国第一，秀珍菇、双孢蘑菇产量均位居全国第三，毛木耳、姬松茸产量则均位居全国第四。从地域分布看，桂林市是广西设施食用菌生产第一大市，设施食用菌产量在 30 万吨以上，占全区食用菌总产量的 1/4 以上；其后依次为玉林市、南宁市、柳州市，这 3 个设区市设施食用菌产量均在 10 万吨以上。

经过多年的持续发展，广西设施食用菌已成功打造出"仙草堂"灵芝、"猫千岁"银耳露等加工产品知名品牌和"宜州桑枝秀珍菇""东兰贵隆食用菌"等"桂菌"品牌，且多个产品通过"三品一标"及富硒农产品认证认定。

（三）广西设施食用菌发展的做法经验

1. 发挥地方优势，精准定位产业发展方向

广西光、温、水等资源丰富，优越的气候条件孕育着种类众多的野生食用菌资源。据公开资料报道，广西可食用或药用野生大型真菌资源多达 450 种左右，其中包含灵芝科 34 种、银耳科 16 种、蘑菇科 12 种等。与此同时，广西农林产品种类也十分丰富且生物量大，适宜食用菌生产的农林下脚料资源相应地也十分丰富。多年来，广西相关食用菌生产企业、合作社充分发挥所在地资源、区位等优势，积极发展设施食用菌。例如，广西仙草堂制药有限责任公司充分发挥所在地融安县作为野生灵芝主产区之一且拥有多个国家级、自治区级旅游景区的优势，积极发展灵芝工厂化栽培及精深加工，建成国内最具特色的生态灵芝透明工厂，目前该工厂已发展成为国内唯一一家以灵芝为主题的 AAAA 级工业景区，同时也是广西中医药康养旅游基地、科普教育基地，其打造的知名品牌"仙草堂"牌灵芝及灵芝精深加工产品远销国内外。河池市充分发挥蚕桑主产区的优势，积极发展桑枝食用菌产业，其桑枝屑加工规模全区最大，除满足本地桑枝食用菌发展需要，还销往区内外各地；河池市宜州区的富硒桑枝秀珍菇已成为区域品牌和桑枝栽培有机食用菌

的代表，在国内具有较高的知名度和影响力。

2. 强化龙头带动，有力促进产业规模化发展

近年来，广西积极引进、培育行业龙头企业，并大力推进食用菌现代特色农业示范区、食用菌标准化生产示范基地建设，使食用菌产业组织化、规模化程度不断提高，促成了一批经济实力强、生产发展稳定、辐射带动力强的产业龙头。2020 年，广西食用菌生产加工企业数量达 107 家，其中，工厂化生产大中型企业数量达 15 家，是 2015 年的 3 倍多；而广西食用菌示范园区数量也增至 6 个，且实现了食用菌领域自治区五星级现代特色农业（核心）示范区零的突破。其中，龙州县北部湾食用菌产业核心示范区于 2021 年升级为自治区五星级示范区，是区内单体规模最大、自动化生产程度最高的食用菌全产业链生产加工基地，基地占地 600 亩，建成现代通用冷库 155 间共 26 000 平方米，常温出菇大棚 56 座共 19 000 平方米，养鱼池 32 个共 4 800 平方米，自动化生产车间 7 800 平方米，自动化生产线 2 条，无菌车间 5 000 平方米，深加工车间 8 000 平方米以及培训室、实验室、展示馆等设施。示范区先后吸纳广西龙州北部湾现代农业有限公司、广西君宝颜食品有限公司等两家食用菌工厂化生产、加工大型企业进驻经营。目前示范区年生产菌包（棒）能力 4 000 万包（棒），年产食用菌可达 1.8 万吨，年销售收入可达 1.9 亿元。

3. 创新生产经营模式，有效带动农民脱贫致富

广西积极发展订单农业，大力推广"龙头企业＋基地＋农户""公司＋合作社＋农户"等产销一体化产业发展模式，努力实现设施食用菌全产业链各环节紧密相连，同步同向发展，通过龙头带动作用，带富了一方农民，带活了一方经济，实现了双赢。例如，广西融水县永富生态农业有限公司在自治区农科院微生物

（食用菌）研究所专家团队指导下，创新性采用"一依托、一保底、三免费、五统一"的生产经营模式，降低了农户的生产风险，增强了农户参与食用菌生产的信心。同时，通过土地流转、入股分红、订单农业、农旅结合等方式和手段，将基地打造成集培育、生产、加工、物流、销售、科教培训、森林康养、乡村旅游为一体的特色示范区，为食用菌特色产业增产增收上了"双保险"。在示范区的带动下，融水县6个乡镇、7家企业（合作社）、12个行政村513户1 530人加入食用菌产业，实现产值5 200万元，其中，有5个脱贫村的285户脱贫户、855名脱贫人口参与了林下食用菌栽培。该示范区也成为当地乡村旅游的热门景点，累计接待游客超过50万人次，旅游总收入超过1 500万元。该示范区所在的香粉乡，也依托此基础成功入选全国农业产业强镇建设名单。

4. 建立健全科技创新服务体系，不断提升科技支撑能力

一方面，启动国家现代农业产业技术体系广西食用菌创新团队建设工作，并成功促成首个国家食用菌产业技术体系综合试验站落户广西（南宁），此外还整合广西相关科研单位建立了广西食用菌产业科技先锋队，并依托广西科技特派员组建广西食用菌产业科技服务团，创新走出了具有广西特色的"创新团队研发攻关＋科技先锋队和科技服务团指导推广＋市场主体应用"的"三位一体"设施食用菌科技支撑体系。另一方面，通过加强产学研联合攻关，形成协同创新合力，成功研发并示范推广食用菌培养料二次发酵、稻菇轮作、林下套种、工厂化生产、反季节栽培、菌渣再利用等技术和食用菌精深加工技术100余项，不断提升设施食用菌发展的科技支撑水平。

（四）广西设施食用菌发展存在的主要问题

1. 新扩建设施用地难落实

凭借独特的区位优势，特别是 2020 年东盟首次成为中国第一大贸易伙伴后，广西逐渐成为我国食用菌工厂化生产龙头企业青睐的投资热土，然而因建设用地迟迟无法落地，原计划到广西投资建厂的江苏香如生物科技股份有限公司、上海雪榕生物科技股份有限公司等食用菌工厂化生产龙头企业最终只能暂时放弃在广西的投资计划或选择到广西邻省投资建厂；而广西部分效益好的设施食用菌生产企业（合作社）也因用地问题无法进一步扩大生产规模。

2. 菌种繁育能力偏弱

广西食用菌产业发展速度虽然较快，但食用菌种业领域的科技研发较之国内其他省份仍是属于起步晚、起点低，仍然缺乏系统性、前瞻性研究，且育繁推相脱节。主要体现在以下两个方面：一是育种创新能力较弱。广西食用菌育种起步晚，且目前仅有 3 家省级食用菌科研机构，专业从事食用菌相关科研的人员仅 30 余人，育种创新能力严重不足。除 2 个木耳新品种拥有自主知识产权外，广西生产的绝大多数食用菌品种均来自外省乃至国外，如大宗食用菌品种——双孢蘑菇来自美欧企业，香菇、毛木耳、平菇等大宗食用菌品种则主要来自外省。目前，适应广西设施栽培的食用菌品种偏少，品种更新缓慢。二是菌种生产能力不足。食用菌菌种质量好坏，是决定设施食用菌生产成败的关键之一。然而，由于菌种生产对设施设备、技术人员以及投入的要求较高，目前广西仍缺乏专门从事食用菌菌种生产的企业，本地市场菌种供应严重不足，主要依靠从福建、江苏、浙江等地调运菌种，而长途调运菌种容易出现保藏不佳、继代退化等问题，菌种质量堪忧。

3. 栽培设施化水平偏低

广西食用菌设施化水平整体偏低，设施食用菌比较优势不明显。一方面，目前广西生产菌包（棒）企业（合作社）大多存在生产设备投入不足，接种、养菌（食用菌营养生长阶段）等生产条件落后等问题，省力化、自动化乃至智能化设备普及率低，加上缺乏菌包（棒）标准化生产工艺和流程，劳动生产效率整体偏低，致使菌包（棒）生产成本较高且质量难以保证。另一方面，高标准的食用菌工厂化、智能化出菇设施占比较低，出菇（耳）设施仍以自然农法栽培的塑料大棚为主，且大棚建造标准化程度偏低，例如部分经营主体为减少投入选择采用造价较低的蔬菜大棚栽培食用菌，气温偏高地区个别经营主体采用保温大棚栽培食用菌等，这些大棚无法有效满足食用菌生产对水分、光照、空气等环境条件的特殊需求，难以保障食用菌产量和品质。此外，设施食用菌从业人员受教育程度普遍较低，文化水平和知识储备不足，对新技术手段接受度较低，大多凭传统经验进行生产，设施食用菌栽培、经营管理、设施装备维修等方面专门人才和复合型人才十分缺乏，不利于设施食用菌生产水平的提高。

4. 产后精深加工不足

广西食用菌以鲜食为主，加工率不足 2%，不及国内平均水平的 1/3，更是远低于美国、日本、荷兰等国家 75% 以上的加工率，且加工产品大多为简单的干制品，精深加工产品不及总加工产品的 10%。加工技术落后造成产品更新慢、产业链条短、高值化利用率低、市场竞争力弱等问题。近年来，随着食用菌加工技术的推广应用，广西初加工产品种类有所增加，但主要集中在香菇、木耳、灵芝等少数种类，初加工产品同质化问题突出；在加工方式上，仍以干制初加工形式为主，基于功能活性因子的精深加工不足，创新水平较低，产业链条较短，外延加工有限。相较于国内其他省（市），广西食用菌知名品牌偏少，且产品品牌效应不突出。

（五）广西发展设施食用菌的必要性和可行性

1. 发展设施食用菌的必要性

首先，发展设施食用菌，是推动食用菌产业高质量发展的必然选择。食用菌属于好气性微生物，其生长发育对水分、温度、光照、空气等环境条件要求较其他作物高。食用菌生长发育中每种环境因子都有最适范围、最高限和最低限，超过最高限或低于最低限，食用菌菌丝就不能正常生长甚至死亡，进而影响出菇甚至无法出菇，导致绝收。例如，食用菌菌丝生长阶段（营养生长期）空气相对湿度一般控制在 $60\%\sim70\%$ 为宜，出菇阶段（生殖生长期）空气相对湿度一般控制在 $85\%\sim90\%$ 为宜，当空气相对湿度低于 50% 时，已分化的幼菇会因脱水而枯萎死亡；秀珍菇子实体生长发育适宜光照强度在 $500\sim1\,000$ 勒克斯，黑木耳耳片在光照强度为 15 勒克斯条件下呈白色，400 勒克斯以上才变为黑色。因此，食用菌要实现高产、稳产、优质，必须采用相应设施进行栽培，以创造最适宜食用菌生长发育的环境条件。此外，通过设施栽培，还可减少菇蚊、菇瘿、老鼠等为害，进一步保障食用菌产量、品质。

其次，发展设施食用菌，是坚持大食物观和实现"菜篮子"丰富、全民健康的重要选择。食用菌味道鲜美，富含优质蛋白质、膳食纤维、矿物质、维生素和多糖类、三萜类等营养物质和多种天然活性成分，且大多数食用菌品种的氨基酸十分均衡和齐备，具有极高的食用价值和药用价值。食用菌是"药食同源"食品中的重要一员，丰富的营养价值使其成为餐桌上的"保健品"。据公开报道，食用菌干品中一般含 19%～40%（最高可达 42%）的优质蛋白质。经测算，每生产 100 万吨食用菌干品，相当于生产 19 万～40 万吨（最高可达 42 万吨）优质蛋白，相当于至少增加了 38 万～80 万吨的瘦肉，即相当于 509～1 000 头猪或 170～353 头牛的瘦肉量，或者相当于至少增加了 48 万～120 万吨的鸡蛋、228 万～480 万吨的牛奶。食用菌既可直接作菜，又可加工成饮料、蛋白肉等各类健康食品，还可通过提取活性成分进而生产保健品、药品、化妆品等，具有极大的开发潜力。

再者，发展设施食用菌，是促进农业生态良性循环、建设资源节约型生态高效农业的必然选择。食用菌产业具有"不与人争粮、不与粮争地、不与地争肥、不与农争时"等"四不争"特点以及占地少、投资小、见效快等优势，它能利用作物秸秆、玉米芯、木屑等农林下脚料生产高蛋白、低脂肪、低热量且可供人类食用的菌类产品，其生产后的菌糠又可用于生产有机肥、育苗基质等，可有效改良土壤、实现其他作物生产节肥增效，并可安置大量农村劳动力。食用菌产业作为农业新兴产业，已在许多地方的脱贫攻坚实践中展现出巨大的发展潜力和广阔的市场前景。据统计，在脱贫攻坚阶段，全国 592 个国家级扶贫开发重点县中，有 426 个县把食用菌列为主导产业，占比高达 72%；而广西 54 个自治区级贫困县也实现了食用菌产业全覆盖。实践证明，食用菌产业是集经济效益、生态效益和社会效益于一体的短平快朝阳产业和创汇产业，已成为农业产业结构调整中的生力军，展现出巨大的发展潜力和广阔的市场前景。

2. 发展设施食用菌的可行性

一是广西食用菌栽培原料来源丰富，设施食用菌发展保障充分。广西温光水资源丰富，农林产品种类丰富且生物量大，其中，甘蔗、桑枝等农作物和木材产量位居全国前列，产生的适宜进行食用菌栽培的农林下脚料资源十分丰富。粗略统计，2020 年广西水稻秸秆 1 000 万吨以上，玉米秸秆 300 万吨以上，桑枝 400 万吨以上，木薯秆 130 万吨以上，甘蔗渣 1 500 万吨以上。此外，广西每年还产生大量果园修剪枝条、杂木屑以及数百万吨的家禽畜排泄物等。充足的原料来源，可有效保障广西设施食用菌产业的可持续发展。

二是广西区位优势明显，设施食用菌发展前景广阔。广西沿海沿江沿边，地处我国东、中、西三个地带的交汇点，是华南经济圈、西南经济圈与东盟经济圈的结合部，是大湾区的直接辐射区和重要经济腹地，也是西南乃至西北地区最便捷的出海通道，还是联结粤港澳与西部地区的重要通道，更是中国唯一与东盟既有陆地接壤又有海上通道的省份。广西拥有边境口岸 11 个，地处中国—东盟自由贸易区的中心地带，连接中国国内和东盟两个市场，具有双向沟通中国与东盟的区位优势。中央在我国全方位对外开放新格局中赋予广西"三大定位"，广西正加快构建"南向、北联、东融、西合"的全方位开放发展格局，这将会给广西食用菌产业带来极大的发展机遇。因此，广西发展设施食用菌，走高端精品菇生产、销售路线，具有广阔的市场前景。

三是广西冬季时间短且气温较高，秋冬季利用大棚生产食用菌优势明显。广西地处低纬度地带，属中、南亚热带季风气候，各地年平均气温在 16～24℃，全年日均最低气温在 5～13℃，其中，除灵川县、金秀瑶族自治县历史最低气温分别低至－13℃、－5℃之外，其余各地历史最低气温大都在－1℃以上，且广西大部分地区冬季时间短，对食用菌出菇大棚的要求主要是遮风避雨、遮阳、减少虫害等，对其保温性要求不高，更无须配套采暖设备，此外，广西可充分利用冬季闲置劳动力资源发展食用菌生产,因此,广西秋冬季利用大棚生产食用菌成本较北方低。且广西秋冬季大棚生产食用菌比北方地区可提早2~3个月上市,具有明显的市场竞争优势。可见,广西秋冬季利用大棚生产食用菌的天然优势全国少有。

四、广西桑蚕、畜禽、渔业设施化生产现状分析

(一) 广西桑蚕设施化生产现状分析

1. 广西桑蚕设施化生产的总体情况

广西通过深入实施茧丝质量提升行动等,以"良种、良法、良具"为主线,加大桑蚕标准园、标准小蚕共育室和专业化大蚕房等建设力度,配套高效种养机械装备,提高桑蚕生产的设施化、机械化和智能化水平。以政府为引导、以农业龙头企业为核心、以家庭农场或专业合作社为载体推进桑蚕规模化生产、产业化经营,打造一批"公司＋基地＋农户""公司＋合作社＋农户"的设施桑蚕生产基地。提高桑蚕良种、良法、良具推广应用率,推广"桂蚕8号""桂桑5号"等优良品种和小蚕共育、大蚕省力育、人工饲料育等先进实用技术,保障全区商品小蚕质量,提高大蚕饲养成功率,在提高生产效率的同时提高蚕茧产量和质量,加快桑蚕生产向标准化、规模化、工厂化方向发展,产业链条向捻丝、织绸、绢纺、针织、家纺等深加工环节延伸,为打造广西优质茧丝品牌夯实了基础。

2021年,全区桑园面积287.66万亩,蚕茧产量40.74万吨,蚕农销茧收入(产值)208.18亿元;高标准桑园面积86.67万亩,

优质蚕茧产量 14.85 万吨，优质蚕茧产值 75.88 亿元，分别占全区总量的 30.13%、36.45%、36.45%；小蚕共育室 1 216 家，小蚕共育率达 85.10%。其中，扶持标准小蚕共育室及配套建设 7 万平方米左右，配套自动化加温补湿设备、切叶机、塑料蚕框及小蚕饲育机等；扶持专业化大蚕房建设 350 万平方米左右，配套轨道式喂蚕车、自动上蔟架、方格蔟、自动采茧机等省力化设备。

2. 广西桑蚕设施化生产的做法经验

蚕桑产业主要设施类型为标准小蚕共育室和专业化大蚕房，通过设施化建设可以提升桑蚕产业发展的质量效益。近年来，广西各地进行了桑蚕高效集约养殖的大力探索和推广应用，形成了一批突出设施化的桑蚕养殖模式，在一定程度上解决了劳动力紧缺、养蚕人员技术不全面、结构不平衡等问题，改变了劳动效率低、机械化程度不高、比较效益下滑的现状。

一是"龙头公司＋扶贫车间"的设施化生产模式。该模式发挥公司在产业发展中的龙头带动作用，通过"扶贫车间"的形式建设集机械半自动喂蚕和摘茧等省力化高效化养蚕设施于一体的现代化、集约化、标准化蚕房，配套建设小蚕共育室、蚕茧收购站、蚕沙无害化处理池等设施，流转土地建成标准化桑园基地，同时由公司组织收购种桑农户桑叶、雇用农户进行统一标准养蚕，实现专业化分工、集约化管理、规模化生产、产销一体的生产经营。与传统家庭式饲养相比，该模式的经济效益和社会效益均十分显著，在劳动强度不变的情况下，能够有效提高劳动生产效率近 10 倍，批次生产的茧丝质量整体提升明显，且农户可通过土地流转、提供桑叶、到"扶贫车间"打工等形式参与桑蚕生产实现脱贫增收。

二是公司、基地、农户"三位一体"的种养分离模式。该模式将公司、生产基地、蚕农这三方主体有效整合在一起，形成适度规模化的设施生产，在具体的生产发展中主要有三种方式。第一种方式是返租倒包，即丝绸公司流转土地建立标准化桑园和蚕房后返租倒包给种养大户，种养大户采取条桑育的形式进行大蚕饲养，丝绸公司保价收购蚕茧，实现适度规模化生产，公司与农户形成产业链共同体。第二种方式是都种都养，即在新建基地时以及已有桑园中找出相对核心地带、流转出适宜机械化养殖的大块土地，发展机械化、集约化的高效种养桑园及养殖园，使其辐射大部分养殖区，由企业管理运营并养至四龄蚕卖给农户，由农户进行大蚕省力化养殖，不但可以有效降低农户养蚕的发病问题，还可以有效增加农户养蚕批次，小蚕共育、大蚕省力化养殖的方式使得养殖省力、高效。第三种方式是企业只养不种、农户只种不养，即养蚕企业发展规模化、科学化、集约化的设施养蚕，农户则专注于种桑供叶的专业化环节，企业通过向农户收购桑叶（通过有效合理地计算）带动农户进入桑蚕产业链，农户通过种桑卖叶共享价值链收益，形成企业与农户的全链条专业化生产。

三是"公司＋农户"直接联营的产业化联合体模式。该模式采取农业产业化联合体的方式实现公司与农户的直接联营，由公司负责现代化标准桑园、现代化标准蚕房等固定资产投入以及桑树的管护，农户负责出饲养的人工并按照公司制定的标准化流程进行饲养，种桑养蚕收益按照所收获蚕茧产量公司占30%、农户占70%的比例进行分配，蚕茧价格随行就市。该模式有效解决了农户缺少资金建设种桑养蚕标准化设施的难题，通过由企业来建设现代化标准桑园、现代化标准蚕房，蚕房紧邻桑园，配套标准场地蔟具，大幅提高桑树种植密度和桑叶产量以及提升桑园管理机械化耕作、桑叶机械化收割水平，有效提高蚕茧产量质量与养蚕劳动效率。

3. 广西桑蚕设施化生产存在的主要问题

近年来，虽然广西蚕桑设施化生产在探索实践中不断发展，形成了一些有效模式，但是仍然存在着一些相对突出的问题和薄弱的环节，主要表现在充分利用高效设施的科学种养水平不高，蚕桑设施生产的基础设施从总体上看仍然是较为薄弱的，规模化水平、组织化程度和社会化服务水平也不高，特别是仍以农户分散生产经营为主的种桑养蚕方式，导致标准化、省力化、机械化等先进实用技术应用到位率不高，进而使得生产管理仍处于较为粗放的状态，在很大程度上影响了蚕茧产量、质量和桑蚕生产综合效益。

（二）广西畜禽设施化养殖发展现状分析

1. 广西畜禽设施化养殖发展的总体情况

广西坚持绿色生态导向，统筹推进设施畜牧业转型升级，保障畜产品有效供给，持续推动设施畜牧业高质量发展，助推改善市场肉蛋奶供应结构，为"六保六稳"提供有力支撑。示范推广集群式楼房智能养殖，以扬翔公司等龙头企业为引领带动，全区共推广建设楼房式猪场 775 栋，占地面积 4 568.36 亩，建筑面积约 591.5 万平方米，设计存栏生猪 280.35 万头。大力推进设施畜牧业绿色发展，推广应用"漏缝地板＋自动刮粪＋饮水防溢漏＋有益微生物＋异位发酵床"的生猪生态养殖模式、"封闭栏舍＋多层笼养＋有益微生物发酵垫料"的肉（蛋）鸡生态养殖模式、"天面全覆盖（部分盖透光瓦）＋有益微生物垫料＋微生物处理饲草"的肉牛（奶水牛）生态养殖模式、"高架漏缝地板＋饮水防溢漏＋有益微生物"的肉羊生态养殖模式、"垫料化养殖地板＋有益微生物＋防溢漏饮水器"的肉鸭生态养殖模式，促进实现畜禽生态循环养殖。加快推进畜禽规模养殖场生态化改造，对 2021 年新建的高架网床环保猪舍和肉牛（奶水牛）肉羊生态养殖示范场予以奖励。

2021 年，全区设施畜禽产值达到 885 亿元、占全区畜牧业总产值的 62%，畜牧业设施规模化率达到 61.58%；已有 8 432 个规模养殖场通过自治区生态养殖认证，认证比例达到 93.4%，规模养殖场粪污处理设施装备配套率达到 99.4%；创建畜禽设施规模化国家级示范场 253 家，其中由扬翔公司首创的"集群式楼房智能化猪场"成果被农业农村部科技发展中心评价为总体处于国际领先水平。

2. 广西畜禽设施化养殖发展的做法经验

一是政企发力，率先推广集群式楼房智能养殖。在各级党委、政府和有关部门的大力支持下，经过畜牧、兽医、环保等各方面专家的反复调研、多次论证，扬翔公司从 2016 年开始率先探索集群式楼房智能养殖模式，在养殖场中集成配备自动喂料、自动排污、自动环控、空气过滤系统、负压通风系统、中央空调系统等现代化设施，并通过实施 FPF 未来猪场管理平台系统，大量运用电子耳标、精喂仪、查情器、调膘器、精喂坊等智能设备，极大提升了生猪养殖产能，很好地引领了生猪行业发展新方向。2019 年 5 月，农业农村部科技发展中心组织专家对集群式楼房智能化猪场研发与应用成果进行评价，认为在猪场生物安全系统建设、病死猪无害化处理、粪污处理与生物肥研制等方面集成创新成效显著，总体处于国际领先水平，具有极强的推广应用前景。2019 年 12 月，在自然资源部、农业农村部印发的《关于设施农业用地管理有关问题的通知》中，首次正式提出"养殖设施允许建设多层建筑"。

二是注重生态，全面推广规模化养殖场生态养殖。"十三五"以来，畜禽现代生态养殖模式在广西得到了广大养殖场（户）的认可和接受，生态养殖场创建工作在全区范围内得到全面推开。在自治区层面畜禽养殖产业的顶层设计和政策引导上，修订了《现代生态养殖场验收评审标准（2.0 版）》，印发了《广西畜禽现代生态养殖场认证工作方案（2019—2020）》。"十三五"期间，全区畜禽现代生态养殖实现了加快发展，经过认证的畜禽现代生态养殖场在 2019 年底时已经超过了 7 300 个，规模化养殖场生态养殖比重达 90%。

三是发展升级，创新推广"料养宰商一体化"模式。随着生猪市场的发展升级和需求稳定，广西又探索创新形成并推广了"料养宰商一体化"高端猪业发展模式。该模式集饲料加工、楼房养猪、屠宰、食品深加工、冷链物流五大板块为一体，以楼房养猪为核心，就近饲料加工、屠宰加工、物流运输，打造"造肉工厂"，形成"输入的是饲料原料，输出的是猪肉"的发展新方式。该模式同时通过大数据、云计算、区块链等技术手段，加上畜牧兽医智慧监管服务平台的应用，实现从养殖端到屠宰端的闭环化管理，彻底改变了传统生猪养殖链条长、散、乱、难监管的现状。

3. 广西畜禽设施化养殖发展存在的主要问题

虽然广西畜禽养殖设施化水平近年来显著提升，但是仍然存在一些突出问题和薄弱环节。一方面，尽管区内一些高水平的大规模养殖企业设施装备条件、综合生产水平已经不输于国外，但从整体上看，由于劳动生产率、畜禽生产力、饲料转化率与发达国家相比水平还较低，造成畜产品生产成本高、资源利用不充分。另一方面，近年来随着国家对畜牧业养殖用地限制的放宽，广西在设施畜牧业用地审批上更加简化，但资源环境、水体保护依旧保持严和紧，畜禽规模养殖用地问题已上升为制约广西畜禽设施化养殖发展的最大难题，如 2020 年出台的《广西壮族自治区水污染防治条例》

明确提出，对因畜禽养殖造成或者可能造成严重污染的地区，可以在江河、湖泊、水库两侧、周边划定一定区域禁止畜禽养殖。

（三）广西渔业设施化养殖发展现状分析

1. 广西渔业设施化养殖发展的总体情况

广西大力推进渔业良种化、设施化、生态化发展，以全面覆盖设施渔业作为主要发展目标，对全区的养殖池塘进行高标准改造和设施更新，重点包括池塘标准化改造、大水面生态增养殖设施升级改造、浅海滩涂贝类养殖排筏升级改造、稻渔综合种养设施升级改造等，加快发展基于生态水平的深海抗风浪网箱养殖、工厂化养殖、集装箱养殖、高位池养殖、池塘工程化养殖等设施渔业。其中，全区的陆基圆池超过 1 万个，养殖水体约 60 万立方米，推广的陆基高位圆池循环水养殖技术实现了高密度养殖和循环水利用，该项技术被农业农村部列入 2021 年全国农业十大引领性技术。

2021 年，全区设施渔业产量 178 万吨、产值 530 亿元，助力广西水产品产量进入全国前十，其中金鲳鱼产量排在全国第 1 位；培育形成了"钦州大蚝""长江一号""鱼伯伯""鑫坚"等一批设施渔业区域品牌和企业品牌；以设施渔业为主导产业，成功创建来宾市兴宾区、防城港市东兴市两个国家级渔业健康养殖示范县，以及南宁市上林县、梧州市龙圩区两个国家级水产健康养殖和生态养殖示范区。

2. 广西渔业设施化养殖发展的做法经验

一是大力发展深海抗风浪网箱养殖。广西近年来大力建设海洋牧场，全区从事深水抗风浪网箱养殖的企业（合作社）有 40 家，累计建成深水抗风浪养殖网箱 1 824 口，养殖水体 779 万立方米，预计年产量 8.9 万吨、产值 25.4 亿元，规模居全国第 3 位。其中，钦州市有 13 家企业（合作社）建成深水抗风浪网箱，合计 368 口，养殖水体 129 万立方米，年产量 9 000 吨；北海市有 14 家企业建成深水抗风浪网箱，合计 556 口，养殖水体 250 万立方米，年产量 3 万吨；防城港市有 13 家企业建成深水抗风浪网箱，合计 900 口，养殖水体 400 万立方米，年产量 5 万吨。

二是大力发展陆基圆池养殖。陆基圆池养殖是设施渔业的一种主要模式，即在陆地上建设圆池，运用高新技术进行受控式集约化、智能化养殖，并实现养殖尾水生态循环利用、达标排放或种养结合资源化循环利用。全区建成陆基圆池 1 万多个，养殖水体 60 万立方米，水产品产量 2 万吨、产值 3.6 亿元，规模居全国首位。其中，玉林市陆基圆池 3 500 多个，南宁市、贵港市各 1 000 个以上，其他 12 个市 100～500 个。

三是大力发展池塘工程化养殖。池塘工程化养殖，俗称跑道养鱼，是利用池塘面积的 2% 建设水槽，将养殖品种集中"圈养"，原有池塘作为水质净化区域的一种养殖模式。近年来，池塘工程化养殖在广西得到较快发展，全区建成陆基圆池 250 多个，养殖水体 5 万立方米，水产品产量 0.8 万吨、产值 1.3 亿元，规模居全国前 5 位。其中，数量较多的有贵港市 100 多个，玉林市 40 多个，南宁市 30 多个，桂林市、崇左市各 20 多个。

四是大力发展集装箱养殖。集装箱养殖模式是以标准定制的集装箱为载体，把养殖对象集中在箱内，运用高新技术进行受控式集约化、智能化养殖，实现养殖尾水生态循环利用、达标排放或种养结合资源化循环利用的一种新型养殖模式。近年来，集装箱养殖在广西呈现兴起之势，全区集装箱养殖 350 个，水产品产量 0.15 万吨、产值 2 500 万元，规模居全国前 5 位。其中，数量较多的有贺州市 100 个、来宾市 90 个、桂林市 55 个、南宁市 56 个、玉林市 29 个。

五是大力发展工厂化养殖。工厂化养殖是在室内建设水池，采用先进的机械和电子设备控制养殖水体的温度、光照、溶解氧、pH、投饵量等因素，进行高密度、高产量养殖的一种方式。全区工厂化养殖水体 150 万立方米，水产品产量 6 万吨、产值 20 亿元。其中，养殖规模较大的有北海市、钦州市、防城港市各 30 万立方米以上，南宁市、崇左市、贺州市等 10 万立方米以上。而在内陆工厂化养殖方面，全区产量达 2 万吨以上、产值达 15 亿元以上，共有养鳗场 17 家，其中南宁市 7 家、崇左市 3 家、贺州市 4 家、桂林市 1 家、河池市 1 家、来宾市 1 家。

广西设施渔业主要类型及养殖品种见表 3-1。

表 3-1　广西设施渔业主要类型及养殖品种

设施渔业主要类型	养殖品种
深海抗风浪网箱养殖	卵形鲳鲹、军曹鱼
陆基圆池养殖	罗非鱼、加州鲈鱼、对虾、黄颡鱼、叉尾鲴、胡子鲇、草鱼等
池塘工程化养殖	草鱼、罗非鱼、加州鲈鱼、黄颡鱼、鲤鱼等
集装箱养殖	罗非鱼、加州鲈、草鱼、禾花鱼、生鱼等
内陆工厂化养殖	鳗鱼

3. 广西渔业设施化养殖发展存在的主要问题

虽然广西渔业设施化养殖多种模式发展规模走在全国前列，但仍然存在着一些制约渔业设施化养殖发展并亟待解决的问题。一是建设用地问题和用水问题。在永久基本农田、一般耕地、林地上以及在海上建设养殖设施受到限制，因此投资建设设施渔业遇到的首要问题就是建设用地、用水和用海问题，这也是困扰设施渔业发展的最大和最难协调解决的问题。此外，各地对设施养殖的用地、用电、交通等缺乏科学规划，尚未能在规划引导项目落地方面提供保障。二是缺乏投融资支持。设施渔业需要投入较多建设资金，目前金融机构对设施渔业提供的贷款支持很少。风险保障机制也还不完善，深水抗风浪网箱养殖容易受台风、暴雨等自然灾害的影响，目前尚未列入农业政策性保险的范畴。三是设施装备及技术研发有待加强。设施渔业的装备基本都是新研发的，需要不断改进和升级。养殖过程的水质调控、溶氧调控、投饲技术、养殖尾水处理和循环利用、养殖病害综合防控以及智能化管理等技术模式，还有待研究和推广应用。此外，养殖设施装备等也主要依靠区外（广东等）改进。

第四章

广西设施农业发展
实践案例

一、贺州市设施农业发展的实践探索

（一）贺州市设施农业发展的总体情况

贺州市明确提出"全面推广现代设施农业，实现广西设施农业看贺州"的奋斗目标。市委、市政府高度重视设施蔬菜产业发展，制定印发《贺州市现代设施农业推广应用三年行动方案（2021—2023 年）》，强化统筹协调和服务，健全工作制度，形成工作合力；充分发挥各级国有平台的力量，引导设施农业产业发展壮大。2021 年，全市设施农业产值超过 5 亿元，带动农民增收超 6 000 万元。

贺州市农业区域特色明显，拥有广西最大的脐橙、三华李、贡柑等特色农产品生产基地，并率先在全国实现"国家级出口食品农产品质量安全示范区"全覆盖。借助"东融"快车，贺州市积极搭建产销平台，对接大湾区消费市场，全力推进农业东融发展，大力建设粤港澳大湾区"菜篮子"生产基地，开展"圳品"认证，18 个基地获得粤港澳大湾区"菜篮子"生产基地和加工基地认证，是全区获得认证基地最多的设区市。全市每年约 70%的蔬菜、60%的水果和畜禽销往大湾区市场，成为名副其实的粤港澳大湾区"菜篮子""肉篮子""果园子""米袋子"。

贺州市把设施农业作为促进农业增效、农民增收的突破口，以平桂设施蔬菜为示范，大力推广大棚蔬菜种植、楼房式集约化生猪养殖、智能化家禽养殖、设施生态渔业等设施农业技术，推动先进生物技术在农业中广泛应用，大力建设农产品仓储保鲜冷链设施，逐步完善农产品流通体系，着力推动果蔬茶、畜禽渔等优势产业转型升级、提质增效。通过龙头带动、示范引领，贺州市设施农业快速发展，截至2021年底，全市种植设施蔬菜11.55万亩，建成标准化大棚700多个。建成全区最大的设施农业产业长廊——平桂区现代设施农业产业园，以及全区最大的露天栽培设施蔬菜供港基地——八步区东融供港蔬菜产业核心示范区；平桂区羊头镇已建成蔬菜大棚约4 000亩，被认定为自治区级三星级产业示范区。建成全程运用数字化、智能化技术的京基智农贺州市生猪全产业链项目东江基地，以及新希望六和、广东温氏、正邦、农贝贝等一批现代化养殖基地，部分产业已成为全区行业标杆。加大招商引资力度，先后引进山东寿光、深圳华盛集团等龙头企业到贺州发展设施蔬菜产业，引入京基智农年出栏500万头、新希望年出栏100万头等一批生猪集约化设施养殖项目落地贺州。

（二）贺州市设施农业发展的做法经验

贺州市通过给政策、定标准、强支撑、育品牌，按照"一条主线、两个政策，三种模式，四项标准"的思路，大力推动设施农业发展。

围绕"一条主线"。贺州市坚持以"全力东融"为主线，引领现代设施农业发展，将现代设施农业纳入广西东融先行示范区总体规划，先后制定了现代设施农业推广应用、万亩设施蔬菜、香芋全产业链发展3个三年行动方案，一体推进现代设施农业。力争用3年时间打造5个万亩蔬菜生产基地，推行种植在贺州、销售在大湾区的"飞地经济"模式，在深圳建设贺州名优特农产品交易中心，直接对接大湾区市场。

强化"两个政策"。以政企合力推动设施农业发展。一是强化财政金融政策支持。创新融资方式，引导工商资本、金融资本参与建设，形成政府引导、企业唱戏、多元投入、农民参与的多元化投入机制。二是强化招商引资政策支持。用好"东融17条"政策，对符合条件的重大项目，充分保障土地、财税、融资、人才等优惠政策，借鉴工业园区招商引资模式，对进驻农业园区发展设施蔬菜的企业，每亩设施大棚给予1.2万～10万元的一次性补助，对配建冷链保鲜等全产业链基础设施的企业，按其固定资产的20%进行奖补。

推行"三种模式"。以创新思维驱动设施农业发展。积极探索产业发展模式，把设施蔬菜产业发展与乡村振兴、产业扶贫和村集体经济发展相结合，形成了紧密的种植与销售利益联结共同体，提高了农业劳动生产率、土地产出率、资源利用率和产业回报率，确保产业高质量发展。一是推行"政策＋集体＋农民"土地规模流转模式。出台以奖代补政策，由村集体引导农民规模流转闲置旱地、撂荒地，确保土地规模化、集约化利用。同时，统筹旱改水、土地综合整治增减挂节余指标，解决设施蔬菜用地问题，实现设施农业不与粮争地。二是推行"稻—菜轮作"生态循环发展模式。充分利用两季水稻冬闲地，创新配备智慧型实用水肥一体化等设施设备发展秋冬菜种植，最大限度提高土地资源利用率，既保障粮食生产，又稳定蔬菜生产，实现粮食、蔬菜"双赢"。三是推行"六统一分"规模经营模式。即以订单农业为导向，建立"公司＋基地＋农户"联结机制，公司将规模基地分包给农户、家庭农场或合作社经营，实行统一品种规划、统一供应种苗、统一技术标准、统一培训指导、统一品牌保障、统一价格收购，提升市场占有率和市场话语权，实现可持续发展。

抓好"四项标准"。以品质品牌赋能设施农业发展。一是抓好生产技术标准。围绕供大湾区蔬菜标准，编制了广西首个供港蔬菜企业标准，以及供港豆杯等8个生产栽培技术规程团体标准，其中4个已通过广西地方标准评审；与华南农业大学、广州市农业科学研究院、山东寿光设施农业生产技术团队等科研院校建立合作关系，开展生产技术培训、栽培技术创新等方面合作，将基地打造成现代设施农业产学研前沿阵地、人才培训小高地，同时，依托新型职业农民培育工程等项目，大力培育懂技术、会经营、能示范的新型职业菜农，加快发展专业村，营造了"农民主动干、配合政府干"的良好氛围和发展局面。二是抓好品种品质标准。建立国家数字农业创新应用基地、供大湾区蔬菜工程技术研究中心，推广8个育种新成果新技术，选育了10多个热销大湾区市场的蔬菜新品种。全市累计认证18个大湾区"菜篮子"基地，是全区获得认证最多的设区市。三是抓好质量监管标准。在重点企业建设智慧农业溯源系统，建立生产到销售、农田到餐桌的智能化信息服务平台，应用物联网技术，实现质量安全全程二维码溯源。四是抓好品牌销售标准。实施"百年菜乡·长寿贺州"品牌创建行动，建设农产品"产地仓"和"中央厨房"，发展净菜加工，并采用"贺州蔬菜"标签统一包装、统一销售。

二、桂林市设施农业发展的实践探索

（一）桂林市设施农业发展的总体情况

桂林市委、市政府一直十分重视农业生产结构调整，积极鼓励农民应用设施农业工程技术，把设施农业作为实现桂林市农业现代化的突破口和实现由农业大市向农业强市跨越的重要措施来抓，努力提高单位面积生产效益，促进产业增效增收。桂林市的设施农业主要覆盖水稻、蔬菜、食用菌、水果的种植，以及生猪、牛羊、家禽、鱼类的养殖，设施农业已成为桂林农业生产中极具潜力的经济增长点。

1. 设施种植业方面

在水稻设施栽培上，主要是采取薄膜拱棚育秧和工厂化育秧来提高秧苗素质，防御晚稻"寒露风"冷害，2021年全市早稻播种面积153万亩，其中防寒育秧插植大田面积145万亩。在食用菌设施栽培上，全市食用菌大棚设施栽培约2 100万平方米，设施栽培品种有香菇、双孢蘑菇、草菇、平菇、秀珍菇等，食用菌设施栽培面积占食用菌栽培总面积的一半左右。在蔬菜设施栽培上，全市设施化蔬菜种植面积10.08万亩，其中标准大棚0.206万亩、中棚9.87万亩，设施蔬菜总产量6.98万吨、总产值5.7亿元、平均亩效益为7 800多元。在水果设施栽培上，2022年预计全市水果种植面积405万亩，设施水果生产主要包括柑橘连栋大棚、柑橘简易避雨棚、柑橘无病苗木繁育、葡萄连栋大棚、葡萄简易避雨棚、果园灌溉等形式。

2. 设施畜牧业方面

全市生猪规模场设施面积21 829亩，牛羊养殖场设施面积1 903亩，家禽养殖场设施面积8 172亩。2021年，全市申请新建高架网床猪场173家，栏舍面积80.7万平方米，主要设施包括由养猪层和集粪层构成的双层式全封闭栏舍，猪舍主体采用"部分夹芯板围护墙钢架"结构，养猪层使用漏缝地板、饮水节流器、自动喂料设施，积粪层配置自动刮粪设施，定期将粪污刮入猪舍外的积粪池，通过管道输送到异位发酵床处理。

3. 设施渔业方面

一是大力发展集装箱养殖。桂林市已成为广西规模较大的集装箱养殖基地之一，共有养殖集装箱 55 个，其中桂林鱼伯伯生态农业科技园被列为全国科普示范基地。二是大力发展陆基圆池养殖。桂林市陆基圆池养殖发展迅速，2021 年新增陆基圆池 62 个、新增养殖容积 4 120 立方米，全市已建成陆基圆池循环水养殖基地 14 个、建有养殖池 216 个、养殖容积 1.48 万立方米。三是大力发展池塘工程化养殖和内陆工厂化养殖。全市建有池塘流水养殖槽 21 条、面积 2 130 平方米，建有鲟鱼、鳗鱼等工厂化养殖池 289 个、面积 75 048 平方米。

（二）桂林市设施农业发展的做法经验

桂林市因地制宜，根据不同农业产业情况和自然资源禀赋，按照适度规模原则，合理规划设施农业发展的区域布局，充分考虑各地气候条件、终端销售市场等因素，发展多种设施农业模式，取得良好效果。

全程机械化模式。例如，兴安县新全水稻全程机械化设施育秧工厂实行机械化催芽播种，玻璃温棚和立柱式大棚育秧，机械化集中育秧，设计全年可提供 2 000 亩以上大田用秧苗，开展育秧基质试验，插秧密度试验，高产攻关示范等。

专业合作社模式。例如，灵川县桂泰种养专业合作社利用塑料大棚开展"秀珍菇＋菇"周年生产良种繁育，年繁育秀珍菇菌棒 40 万棒、姬菇菌棒 10 万棒，销售菌棒 30 万棒以上。该合作社2021 年带动灵川县的灵川镇、潭下镇、三街镇等乡镇 37 户农户发展秀珍菇、姬菇、赤松茸等食用菌种植，销售秀珍菇出菇棒 35 万棒，销售额达 122.5 万元。又如，全州县通国芦笋种植专业合作社，利用钢架大棚和塑料大棚种植芦笋，近五年来种植规模发展到近400亩，每亩芦笋平均每年的成本（包含人工、化肥、农药、地租及棚膜损耗等）1万元左右，大棚芦笋每亩每年的预期收益1.5万元，除去合作社向银行贷款的利息后收益一般在1万元左右，且芦笋在南方大棚种植比露天种植可以提早20余天上市，采收期可以延长至9月底10月初、实现延后一个月左右。

种养结合模式。例如，桂林车田河牧业有限公司现有肉牛养殖基地3个，共存栏肉牛2 500余头，牛粪有机肥产能1万吨，带动订单农户种植全株玉米、象草等牧草3 000余亩以及淀粉马蹄1.5万亩。该公司实施循环种养模式，形成"优质肉牛养殖—牛粪有机肥生产—果蔬、牧草种植—牧草、农副产品饲料化加工—优质肉牛养殖"闭合循环种养产业链，并发展衍生产业餐饮旅游业，实现贯通产加销、融合农文旅的一二三产业融合发展。

多功能区模式。例如，桂林鱼伯伯生态农业科技有限公司建设养殖集装箱40个，建设池塘工程化循环水生态养殖槽4条，配套建设了十一级生态池塘尾水处理系统，形成了集合现代化高科技集装箱养殖区、跑道鱼养殖区、稻渔藕渔养殖区、渔业文化观光体验区、渔业休闲垂钓区、农产品展示区、农产品加工冷冻区等多个产业功能区的设施渔业基地。

三、贵港市设施农业发展的实践探索

（一）大力发展设施畜牧业，实现模式创新

贵港市推行"四化一式"的方式，着力提升畜禽养殖智能化、

标准化、集群化水平和疫病防控能力，促进了设施畜牧业高质高效和绿色发展。

推广智能化设施养殖，形成全链条监管体系。一是运用"物联网＋畜牧"模式，促进养殖向智能化方向转型升级。在规模化畜禽养殖场推广采用自动环境控制系统、自动喂料、自动刮粪、自动挤奶等智能化设施设备以及大数据、云计算等现代信息技术，为畜禽提供良好的生长环境，提高生产效率；全市规模猪场的机械化比例达90％以上。二是创新智能化楼房养猪模式，破解养殖用地难题。为应对资源环境约束升级，以扬翔公司为龙头，采用绿色循环技术创新猪舍建设形式，综合运用精喂仪、中央空调、背膘仪等智能设备，打造形成智能化楼房生态养殖模式，该模式占用土地仅为传统养殖用地的约1/10，且可节约75％的劳动力。截至2022年一季度，全市共建成楼房猪舍94栋，建筑面积55万平方米，可容纳能繁母猪3.5万头、育肥猪21万头。

推广标准化高架养殖，提高生态养殖效益。贵港市大力推广标准化高架网床生态养殖模式，采取源头控制、过程管理、末端治理方式，实现节能降本增效。创新使用全封闭式肉牛高架网床模式，优化肉牛养殖环境，实现自动环境控制、自动刮粪和机械喂料。创新"高架网床＋发酵床"设施养殖模式，奶牛场单产提高75％。整市推进畜禽粪污资源化利用，投入经费3.7亿元，实现全市畜禽粪污资源化利用率达92％。

推动产业集群化发展，构建养殖新兴业态。贵港市抓住桂系猪特色产业集群项目建设契机，通过育龙头、扩规模、延链条，推动生猪设施养殖集群化发展。一是狠抓良种繁育，全市有生猪良种繁育场42个，母猪存栏29.7万头、排全区第2位。二是强化畜禽屠宰仓储加工，平南国通屠宰加工冷链物流配送项目、贵港市盈康食品有限公司屠宰加工项目已进入收尾阶段，达产后可实现年屠宰生猪300万头、家禽1000万羽，新增冷库7万立方米。三是加快饲料加工产业发展，建成猪饲料加工厂14家，年产饲料200万吨、排全区第4位。

推广"铁桶式"养殖模式，确保疫病防控安全。贵港市积极探索畜禽设施养殖工作的突破口，创新推广"铁桶计划"养殖，加强疫病防控，有效克服非洲猪瘟疫情影响，较快实现生猪产能恢复。以扬翔、汉世伟、海大、德康等龙头企业为引领，支持和指导中小规模猪场按照"一场一策"进行"铁桶式"改造，完善防控措施和管理制度，统一提供仔猪、饲料、疫苗、兽药等系列产品及服务，建立"铁桶猪舍＋封闭式洁净物流＋养猪能力赋能中心"运行模式，全面切断非洲猪瘟病毒入场途径，确保养殖场安全。全市实施"铁桶计划"改造的规模猪场达723个，占规模猪场的92%。以生猪产业为带动，进一步拓展到牛、鸡等产业领域，全面推广动物疫病防控"铁桶"养殖模式，提高全市畜禽养殖场生物安全等级。

强化智慧化监管服务，提升畜禽品牌实力。建设畜牧兽医智慧监管服务平台，以电子耳标为载体，实现了从养殖到出栏、检疫、运输、屠宰等环节全链条监管。该平台已注册的养殖场（户）达1927个，覆盖生猪养殖专业户和规模养殖场，基本实现生猪养殖全链条可追溯，大大提升了贵港市畜禽品牌的市场竞争力。

（二）高位推动设施渔业，实现快速发展

贵港市以发展陆基圆池和池塘工程化循环水养殖为抓手，大力推广设施渔业。目前，全市已建成池塘工程化循环水养殖水槽158

条、陆基圆池 514 个、工厂化养殖车间 2 500 平方米。一是坚持高位推动，强化组织保障。制定出台贵港市大力发展设施渔业三年行动方案，明确目标任务，落实工作职责、奖补政策等，为加快做大做强设施渔业提供有力保障。二是科学合规用地，保障设施用地。推动适度规模土地流转，以农民专业合作社、家庭农场等新型农业经营主体为载体，引导农户集中连片流转土地，整合土地资源，制定科学合理的土地流转补偿分配机制，为设施渔业规模化发展提供条件。三是加大财政投入力度，强化项目示范。2019—2021 年，贵港市争取中央补助资金约 800 万元，市本级财政资金约 500 万元，集中用于发展设施渔业，建设池塘工程化循环水养殖水槽 100 条、陆基圆池 300 个、工厂化育苗车间 2 个、养殖尾水处理示范点 2 个，有效推动养殖设施设备更新和优选，带动贵港市设施渔业快速发展。

（三）加快推进设施种植业，实现生产力提升

一方面，注重集成设施技术措施。贵港市积极推广喷滴灌节水型设施、水肥一体化设施、水果棚架式、防虫网等设施，面积由 2015 年的 109.2 万亩增加到 2020 年的 135.5 万亩，节水灌溉面积每年新增 5 万亩以上。设施蔬菜大棚种植面积 1 528 平方米，其中中棚面积 853 亩、标准大棚面积 360 亩、智能大棚面积 315 亩，产出各种时令及反季节蔬菜 1.08 万吨，产值 3 637.3 万元。贵港市设施蔬菜利用温室大棚套地膜等技术措施，实现蔬菜早熟、增产、提效，灾害防御能力大幅提升，已成为保障"菜篮子"市场稳定的主力。

另一方面，广泛应用先进物质装备。全面推进机械化育秧、烘干中心建设，2020 年底全市农机总动力 398.68 万千瓦，比"十二

五"期末增加 33.15 万千瓦、增长 9.07%、年均增长 1.81%。农业机械化作业收入 42 亿元，比"十二五"期末增长 31.74%。大中型拖拉机、联合收割机、水稻插秧机拥有量比"十二五"期末分别增长 49.23%、21.12%、40.72%，为贵港市水稻生产抢上季节、减少劳力、降低成本、培育壮秧、稳产增产夯实基础。

四、玉林市设施农业发展的实践探索

（一）打造"五化"产业，做大做强设施食用菌本地品牌

推动设施食用菌现代化转变。玉林市食用菌生产从传统分散栽培向规模化、专业化、机械化、智能化、品牌化等"五化"转变，面积、产量和产值连年创历史新高。据自治区农业农村厅统计，2021 年全市食用菌种植面积、产量、产值分别为 1 621 万平方米、16.57 万吨、14.48 亿元。

打造食用菌产业品牌效应。玉林市食用菌产业强化品牌建设，在做大做强"玉微牌""竹山牌""兴忠牌"等多个食用菌菌种品牌的同时，创建了"益康菌业""福兴秀珍菇""玉光蘑菇""健勇木耳""容县红菇"等一批食用菌产品品牌。形成一批特色的本地食用菌品牌，以品牌带动产业发展。

（二）创新养殖模式，引领全国设施渔业技术集成

一方面，在创新设施渔业养殖模式上下大力气。玉林市开创陆基高位圆池循环水养殖技术，2020 年获得了国家新型实用技术专

利，2021 年被农业农村部列入全国十大农业引领性技术并在全国推广。这项技术使玉林市渔业从传统池塘养殖转向智能化循环水养殖，是一项革命性的水产养殖集成技术。"跑道鱼＋"具有产量高、品质好、生态环保、节地节水节人工等优点，"陆基圆池＋"在具有上述优点的基础上还实现了水产养殖由水上向陆上甚至山上发展的变革，颠覆了人们的传统养殖理念，既能减轻环保压力，又能有效利用宝贵的土地资源、提高经济效益、保障市场供给，农民养殖和投资积极性均空前高涨。玉林市陆基圆池从 2018 年的零个起，发展到 2021 年的 3 000 多个，面积 23 万多平方米，推广应用的陆基圆池养殖主要模式有"鱼＋果"生态种养模式、"鱼＋螺＋菜"生态种养模式、"鱼＋尾水处理"设施模式。

另一方面，以典型示范带动产业发展。玉林市在发展设施渔业养殖过程中，培育了一批产业典型。例如，玉林市福绵区百果丰水果专业合作社采用"鱼果共生"种养模式，即"陆基高位圆池养鱼＋水果种植"，建造陆基高位圆池 40 个，将养殖产生的尾水用于果园滴灌，降低了水果种植中的肥料成本，养殖尾水资源也得到了很好的利用。2020—2021 年，该合作社用"鱼果共生"模式种植的水果达 800 多亩，每年减少使用化肥 80 吨、减少使用有机肥 120 吨，按照每吨化肥 5 500 元、有机肥 3 000 元计算，每年节省肥料成本 80 万元，此外，养殖的加州鲈鱼产量达 20 万公斤，直接带来 240 万元的利润，实现了"鱼果共生"和节水节肥节地的良性循环，以及减少投入品与节本增效的双赢。

（三）发展生态养殖，着力推动设施畜牧业高质高效

近年来，玉林市畜牧业发展已经全面转向生态养殖模式，在保

证养殖量的同时，重点推广生态养殖方式、建设环境友好型养殖场。截至 2021 年底，全市共有 149 家畜禽规模养殖场通过自治区生态养殖认证，累计通过认证数量达 1 566 家，生态养殖覆盖率达 94.74％；共有规模家禽养殖企业（场）75 家，规模家禽养殖量占家禽养殖总量的 95％以上；累计建成生猪小散养殖户集中生态养殖小区 6 个，其中博白县 5 个、兴业县 1 个；累计建成"高架床"生态养殖场 1 559 个，"高架床"养殖栏舍面积 160 多万平方米；采用楼房养猪的猪场达 54 家，养猪楼房合计 169 栋，建筑面积 42 万平方米；共有市级以上养殖重点龙头企业 126 家，其中国家级 2 家、自治区级和自治区行业级 31 家、玉林市级 93 家；共有获得认证的畜禽养殖标准化示范场 81 个，其中国家级 25 个、自治区级 56 个；累计建成有机肥厂（点）29 个，病死畜禽无害化处理厂（点）18 个；累计有 26 家猪场获"美丽猪场"称号，其中国家级 1 家、自治区级 5 家、玉林市级 20 家。

五、广西设施农业发展的典型案例

（一）广西新佳恒农业科技有限公司彩椒大棚生产案例

广西新佳恒农业科技有限公司通过科技结合市场模式，走出了彩椒产业园区化、标准化、品牌化的设施农业发展之路，探索出了在全区、全国可复制可推广的设施农业模式。公司建设有宁武都市农业（核心）示范区设施农业示范基地、合浦县沙岗镇贤子山村大棚设施高端果蔬种植示范基地等 8 个示范基地，采用现代化、标准化的大棚种植生产模式，专注彩椒为主导的茄科作物种植领域，设施生产的彩椒在广西市场占有率高达 60%。

1. 彩椒大棚生产示范基地建设情况

广西新佳恒农业科技有限公司彩椒大棚生产核心基地位于宁武都市农业（核心）示范区，该基地占地面积 150 亩，其中，大棚彩椒种植示范面积 70 亩，每季产量可达到 85 万斤，年产值为 600 万元；专业育苗大棚 2 000 平方米，年产量 600 万株，产值为 400 万元；农产品初级加工车间 2 亩，专业冷藏车间 900 立方米。

2. 彩椒大棚生产投入产出效益情况

广西新佳恒农业科技有限公司彩椒大棚生产核心基地的大棚结构为大锯齿连栋大棚，由多个大锯齿单体连栋大棚组成，其中，单个连栋大棚肩高 3 米，通风口高度 2 米，总高度合计 5 米；长度 48 米，单拱宽度 6 米，连栋总宽 48 米；单个连栋大棚占地 4 亩（包含排水沟），亩均造价 8 万元。该基地地租每年为 0.1 万元/亩，每年农资投入 0.5 万元/亩、人工管理成本 1 万元/亩，种植彩椒的年产量可达 1.2 万斤/亩。近年来，该基地种植的彩椒收购均价稳定在 6 元/斤。据此计算，两年内即可回本并实现营收 3.2 万元/亩，之后每年可实现营收 5.6 万元/亩。

3. 带动农户发展彩椒大棚生产情况

广西新佳恒农业科技有限公司在发展彩椒大棚生产过程中，积极带动周边农户参与种植生产，派遣技术人员为农户提供设施生产技术服务，推广统一的种植标准和适合小农户生产的彩椒大棚。农户主要应用较简易的单栋钢架拱棚结构，拱棚肩高 2 米，顶高 3.3 米，棚宽 6.8 米，长度可根据地块调整，亩均造价 3 万元。农户按照公司制定的种植流程和种植标准进行统一化管理，一年种植一茬彩椒，产量可达 1 万斤/亩以上，每年农资投入 0.5 万元/亩。若按农户自有土地、自己投入人工管理，6 元/斤收购均价计算，一年即可回本并实现营收 2.5 万元/亩，之后每年可实现营收 5.5 万元/亩。

4. 亮点成效

在广西新佳恒农业科技有限公司彩椒大棚生产案例中，推行"公司＋基地＋农户"联营模式，以公司为平台建设稳定的产销体系，以公司为纽带建立市场与农户联结机制，通过提供标准的、统一的大棚种植生产设施技术和设施模式，以及开展田间生产技术紧密跟踪指导，实现统一品种规划、统一技术标准、统一产品质量、统一品牌营销，从而提高市场占有率和市场话语权，实现了设施农业高质高效发展和助农增收效果。

（二）广西金福农业有限公司设施火龙果案例

广西金福农业有限公司在隆安县丁当镇保湾村创建了面积 5 500 亩的全区连片种植面积最大的红心火龙果基地，基地以发展火龙果设施化种植和培育火龙果优良种苗为主，年产鲜果 9 200 吨，年产值达 12 880 万元。

1. 主要做法

一是选育适宜本土化种植的优质火龙果新品种。先后引进台湾优质火龙果品种和先进种植技术，并结合广西本地气候生态条件，精心选育出挂果率达 90％以上、高品质和耐贮运的"伊蜜"系列火龙果品种，该品种以果型大、肉质细腻、品味清甜的品质赢得市场的认可。

二是针对生产中的痛点难点不断改进栽培技术。探索排架式火龙果种植新方法，有效解决了传统种植方法普遍存在的枝条腐烂、果实花斑病等生产技术难题。大力推广单连排、双连排种植，从亩植 400～500 株提高到 800～2 200 株，有效提高了单位面积产量。创新应用火龙果夜间补光技术，从原来的每年收 9～11 批果增加到 13～15 批果，总产量得以大幅提高。设施生产基地采用以色列进口的水肥一体化滴灌设备，每亩减少化肥用量 15 公斤，平均每亩可增产 10%，同时施用有机肥和应用有机化改良技术，实现果品稳定优质。

三是应用物联网技术发展智慧型农业。通过配置可视化溯源体系、智慧喷淋系统、农业气象站、人工降雨平台、智慧农业云平台、在地头的高清作物生长智能监测记录仪、农业气象监测站以及多层土壤墒情监测仪，实现实时在线检测土壤含水量、肥料施用情况，实时观测和掌握田间动态。此外，利用云平台实现种植选择评估、营养方案定制、气象数据监测、物候期识别、土壤监测等，提高了生产决策的科学性和有效性，避免了不必要的投入和浪费，有效提升了工作效率和节本增效能力。

四是延长产业链条促进农文旅贯通融合。大力开发火龙果果园观光、采摘体验和休闲餐饮等火龙果生态旅游，大力开发伊蜜火龙果干等加工产品，初步形成了集标准化种植、种苗培育、果品加工、仓储物流、园林美化和休闲农业、乡村旅游开发为一体的三产融合产业园区。

2. 投入产出效益情况

火龙果第一年为枝条培养期，在管理到位的前提下第二年开始投产，第三年进入丰产期。丰产期年亩产量 6 000～9 000 斤，按照收购价 2.5 元/斤估算，每亩年产值为 15 000～22 500 元。

发展设施火龙果，针对不同的投资需求，可选择不同配置的生产模式，即简易型生产基地、标准型生产基地、智慧型生产基地，具体区别见表 4-1。

表 4-1 设施火龙果不同配置的生产模式情况

基地类型	主要设施	生产投入（含果苗等其他生产资料）	特点
简易型	简易栽培架、简易滴灌设施	7 000～10 000 元/亩	可就地取材，前期投资较小
标准型	标准连排架、水肥一体化设施	15 000～20 000 元/亩	标准化建园，便于后期管理
智慧型	标准连排架、水肥一体化设施、补光灯及智能化监控、智慧喷淋系统、可视化溯源体系等智慧系统	25 000～40 000 元/亩	可进行产期调节，智能型管理，果品标准化程度高，减少人力投入

（三）灵川桂菌子现代农业发展有限公司设施食用菌案例

灵川桂菌子现代农业发展有限公司以香菇、毛木耳设施生产为主，兼顾其他菌菇产品，通过线下线上结合等多种渠道进行品牌化运营销售，积极打造"桂菌子"桂北高山菌菇品牌。

1. 发展科技设施产业

灵川桂菌子现代农业发展有限公司设施食用菌生产基地占地面积 50 多亩，建有钢架生产厂房 2 400 平方米，钢架养菌、出菇大棚 6 000 平方米，保鲜冷库 300 平方米，烘干房 30 平方米，恒温空调菌种房 200 平方米，配备有拌料、装袋、灭菌、接种等一系列配套生产设施设备。

在发展设施食用菌生产中，灵川桂菌子现代农业发展有限公司十分重视科技支撑的作用，通过与广西壮族自治区农业科学院微生物研究所等科研单位紧密合作，在食用菌技术研发、菌种繁育、菌棒生产、产品加工包装、农产品销售流通等方面进行产学研联合的技术攻关。一是创新利用本地丰富的毛竹竹屑作为栽培基质种植香菇，并成功开发出富硒香菇和菌渣有机肥产品；二是成功筛选出适宜高山林下仿野生出菇的食用菌品种及其栽培配方，并研发出 3 项国家实用新型专利技术，为打造广西高山林下原生态高端菌菇品牌提供了强有力的技术支撑；三是实施的"富硒香菇栽培及菌渣种植柑橘循环利用"项目在第一届广西农村创业创新项目创意大赛中荣获第一名，并荣获农业农村部全国农村创业创新项目创意大赛入围奖。

2. 突出联农带农作用

灵川桂菌子现代农业发展有限公司设施食用菌生产基地通过吸纳 50 多名当地农民就近就业，带动实现年人均劳务增收 3.5 万元；通过统一提供菌棒、统一技术指导、统一回收产品的"三统一"模式，带动桂林灵川、龙胜、资源等地 6 个脱贫村发展香菇、毛木耳大棚种植 50 亩左右，年产值 1 000 万元以上；2021 年新带动发展林下食用菌种植 200 亩，年产值 1 000 万元左右。

3. 打造高效生产模式

灵川桂菌子现代农业发展有限公司设施食用菌生产基地主要采用钢架简易双层降温大棚进行香菇、毛木耳等食用菌生产，每亩出菇大棚建造面积在 450 平方米左右，平均造价 3 万～4.5 万元，配套喷淋系统 0.2 万元；钢架外框主体使用年限 12～15 年，棚内竹架使用年限 3～5 年，遮阳网、大棚薄膜使用年限 4～6 年。由于当地夏季气温相对区内其他地方偏低，加上降温棚的作用，可实现香菇、毛木耳种植无缝对接和周年生产，即每年 10 月至次年 5 月种植 1 季香菇、次年 5～10 月种植 1 季毛木耳，每亩大棚一季可摆放 15×55 规格的香菇或毛木耳菌棒 3 万棒，种植香菇和毛木耳所需菌种、人工管理等生产成本合计 20 万～22.5 万元，平均亩产香菇 4.5 万斤左右、毛木耳 6 万斤左右，每亩实现年产值 24 万～32 万元，1～2 年即可收回出菇大棚、喷淋系统投资成本。

（四）环江南大门桑蚕专业合作社设施养蚕案例

环江南大门桑蚕专业合作社将 105 名村民组织起来发展设施养蚕，建设标准化蚕房，推行标准化、省力化养蚕技术，带动大才乡周边村屯 1 826 户农户种桑养蚕面积达 1.9 万亩、年产鲜茧 1 600 万公斤，蚕农年人均增收 6 000 元以上，合作社 2020 年入选第二批全国农民合作社典型案例名单。

1. 推进生产设施化

一是建设高标准设施化桑园。近年来，合作社组织社员优化桑园布局，加大低产桑园宜机化高标准改造，引进"特优 2 号""农桑 14 号""桂桑优 12""伦教 40"等优良桑树品种，并通过微耕机深耕改土、增施有机肥、病虫害绿色防控等措施，创建优质高产桑园，建立高标准示范桑园 568 亩，为桑叶稳产高产打下基础。二是升级养蚕设施设备。合作社组织动员全体社员，开展养蚕设施标准化改造，积极争取政府政策资金支持，以群众自筹和政府补贴相结合，投入资金 220 多万元，建设标准化蚕房 50 间，改扩建蚕房 20 间，面积达 5 100 多平方米，配备了自动升降上蔟机、移动轨道喂蚕平台、机械摘茧等省力化装备，提高生产效率。三是开展人工饲料养蚕示范。采用"小蚕人工饲料育＋大蚕桑叶育"二段养蚕模式，改变传统养蚕方式，并拟投资 200 万元扩建生产设施，开展全龄人工饲料养蚕试验示范。2021 年投入资金 80 多万元，建立了一个人工饲料养蚕示范点，2022 年初，项目第一批人工饲料喂养蚕吐丝结茧，成为河池市首个人工饲料养蚕成功项目。

2. 实行经营组织化

建立"合作社＋公司＋基地＋农户"的经营管理模式，与环江桂合茧丝绸有限公司合作，对社员生产的蚕茧按质论价、优质优价，合格蚕茧按保护价收购，推行产、供、销一站式经营服务，生产物资统一采购供应，集中采购肥料、农药、消毒药，降低生产成本，组织定点小蚕共育室为社员供应小蚕，统一养蚕时间、统一养蚕批次、统一销售鲜茧。完善激励机制，按合作社成员年内总产量进行"二次分红"，采取"多劳多得、少劳少得"的红利分配原则，并对先进社员和科技示范户进行奖励，形成盈利共享的利益共同体机制。2021年，合作社实现产值1 200万元，盈余262万元，二次盈余返还总额165万元，社员年人均纯收入31 742元。

3. 推动技术规范化

结合生产实际，开设"农家课堂"，邀请专家进行针对性的专业化生产技术指导，提升社员设施种养技能，组建技术队伍长期进行技术跟踪服务，解决社员生产中遇到的问题困难。规范生产消毒防病技术，进行蚕沙集中堆沤无害化处理。在合作社带动下，全屯统一建设了蚕沙室，养蚕产生的蚕沙等生产废弃物都得到无害化处理，养蚕环境得到有效维护。合作社小蚕共育率达100%，方格蔟使用率达100%，蚕农饲养成功率达95%以上。

（五）广西金陵农牧集团有限公司设施养猪案例

广西金陵农牧集团有限公司以设施化养殖为手段，不断提升生猪养殖产业发展水平，2021年出栏肉猪126万头。

1. 加大投入力度，分类推进设施建设

种猪场建设方面，全部由公司投资建设，推行自动化生产工艺，设施配套率高，主要投入建设的设施有生态栏舍、自动送料和饮水、水帘控温、消毒消杀、无害化处理、粪污资源化利用及围栏防鼠防鸟防虫设施。肉猪场建设方面，由公司与农民合作社、小农户合作，并分高、中、低三种类型投资建设，采用全自动或半自动生产工艺，根据生产需要配套设施，主要投入建设的设施有漏缝地板栏舍、自动或人工送料和饮水、水帘控温或风扇降温、消毒消杀、无害化处理、沼气发酵、农牧结合以及围栏防鼠防鸟防虫设施。截至 2021 年底，共投入资金 22.6 亿元，建成种猪场 11 个，建成标准化生态猪舍 351 栋、48 万多平方米，与农民合作社、小农户合作建设肉猪场 24 个，其中养殖设施建设投入高达 10 多亿元、占投入总额的近一半。

2. 依靠科技支撑，促进生产提质增效

广西金陵农牧集团有限公司与西北农林科技大学合作成立金陵研究院，与南宁市西乡塘区政府、西北农林科技大学、中国农业科学院等合作成立产学研团队，深化政校企合作。一方面，利用金陵研究院博士工作站技术优势，开展设施养猪免费培训，把参与设施养猪的农户培育成养殖能手和智慧养殖户，经济效益和社会效益明显增加。另一方面，联合开展生猪基因组选择育种、非洲猪瘟等重要疫病防控、生态养殖技术示范等科研项目，已取得科技成果 3 项，有效促进养殖成本降低 3%～5%。

3. 创新发展模式，增强设施养猪效果

采取"公司＋农民合作社＋农户"的订单设施养猪模式，公司实行"六个统一"全程服务，即公司统一供应猪苗、统一供应饲料、统一技术、统一防疫、统一管理、统一销售，由农民合作社、

农户代养生猪，形成风险共担、效益共享、技术共有、产业共进、市场共赢、经营共管合作链条。农户在参与广西金陵农牧集团有限公司的订单设施养猪模式时，需投入猪舍建设成本 1 400 元/头（含员工住房、水电系统、通风设备、饲料输送线、料具、沼气池，这些设施可使用 20 年），合 1 年需投入猪舍建设成本 70 元/头，每头猪饲养 6 个月出栏（肉猪体重约 240 斤/头），1 人 1 年可管理出栏 500 头肉猪。如 1 农户 1 年管理出栏 100 头肉猪，农户需投入的猪舍建设成本是 7 000 元；公司按订单合同保价回收肉猪，每回收 1 头肉猪付农户 200 元，农户管理出栏 100 头肉猪可收入 20 000 元；设施养殖过程中，猪粪发酵后产生的沼气可用于照明、煮饭，产生的有机肥可用于种植农作物、果树，每头猪排出的猪粪产生的收益折算约 30 元，100 头猪排出的猪粪产生的收益折算约 3 000 元；从投入产出综合效益看，1 农户 1 年管理出栏 100 头肉猪，可实现纯收益 16 000 元。

（六）北海市银海区桑梓共富果蔬农民专业合作社设施果蔬案例

北海市银海区桑梓共富果蔬农民专业合作社是由山梓村村委会主任、致富带头人陈兴海发起组建，山梓村脱贫户共同参与的农民专业合作社，主要负责经营管理福成现代果蔬产业扶贫示范园项目的一期工程 80 亩设施大棚。

1. 基地建设情况

北海市银海区福成现代果蔬产业扶贫示范园项目的一期工程，位于北海市银海区福成镇山梓村，总投资 380 万元，其果蔬大棚于 2018 年 8 月建成并投入使用。项目采取"村委＋合作社＋贫困户"

三方共同出资、收益共享的方式建设。福成镇政府通过竞争立项争取自治区财政厅"扶持村级集体经济发展试点项目"资金 200 万元进行项目主体建设;山梓村桑梓共富果蔬种植农民专业合作社以流转的 74.24 亩用地折价入股;山梓村 128 户贫困户以每户 7 200 元和 2 户非贫困户以资金 1.44 万元共 93.6 万元作为生产性投入。

2. 基地运营方式

该设施大棚基地由桑梓共富果蔬农民专业合作社经营管理,并负责支付 1 300 元/亩的土地年租金,山梓村村委会收取固定收益 18 万元作为村集体经济收入。脱贫户可按照 3 000 元/亩的年租金租借大棚进行个体种植生产,也作为临时工参与设施大棚的日常运营赚取务工费。2019 年上半年,合作社在该设施大棚基地种植 6 个品种哈密瓜共 26 亩,收入达 22 万元;种植辣椒 12 亩,收入达 27.5 万元;种植春季青瓜 26 亩,收入达 47.5 万元。扣除租金、劳务等支出,2019 年入股贫困户每人可得分红 1 000 元。

3. 基地设施结构及造价

该设施大棚基地的大棚结构分为两种,包括大锯齿连栋大棚和简易连栋钢架拱棚。大锯齿连栋大棚,由 3 个大锯齿单体连栋大棚组成,单个大棚肩高 2.5 米,通风口高度 1.7 米,总高度合计 4.2 米,长度 30 米,单棚宽度 8 米,连栋总宽 24 米,单个连栋距棚顶 0.4 米处有遮阳网层,单个连栋大棚占地 2.3 亩(包含排水沟),亩均造价 15 万元。简易连栋钢架拱棚,由 3 个简易钢架拱棚连栋组成,单个拱棚肩高 2 米,拱高 1.5 米,总高度 3.5 米,长度 39 米,单棚宽度 8 米,连栋总宽 24 米,亩均造价 3 万元。

4. 种植作物及周年轮作模式

该设施大棚基地以种植大棚辣椒、青瓜、哈密瓜为主。大棚辣椒以全年种植模式(当年 9 月至翌年 6 月,7 月至 8 月休耕)为主，青瓜、哈密瓜以"哈密瓜/青瓜—青瓜—小型西瓜"周年轮作模式（当年9月至翌年3月）为主。

5. 农户租用大棚种植效益

租用大棚的年租金为0.3万元/亩，可轮作种植羊角椒、哈密瓜、青瓜、小型西瓜等作物。种植羊角椒方面，每年可种植一茬，每茬农资投入和人工管理成本1万元/亩，产量可达1万斤/亩，近年羊角椒收购均价稳定在2~3元/斤；按照2.5元/斤计算，农户租用大棚种植羊角椒年收益可达1.2万元/亩。种植哈密瓜方面，每茬农资投入和人工管理成本0.5万元/亩，产量可达0.5万斤/亩，近年哈密瓜收购均价稳定在2元/斤；据此计算，单茬哈密瓜收益为0.5万元/亩（不计算租金）。种植青瓜方面，每茬农资投入和人工管理成本0.8万元/亩，产量可达1.2万斤/亩，近年青瓜收购均价稳定在1.5元/斤；据此计算，单茬青瓜收益为1万元/亩（不计算租金）。种植小型西瓜方面，每茬农资投入和人工管理成本0.5万元/亩，产量可达0.5万斤/亩，近年小型西瓜收购均价稳定在2元/斤；据此计算，单茬小型西瓜收益为0.5万元/亩（不计算租金）。按照"哈密瓜—青瓜—小型西瓜"周年轮作模式计算，农户租用大棚发展种植的年收益可达2万元/亩。

6. 亮点及成效

该设施大棚基地采取了"村委＋合作社＋贫困户"三方共同出资、收益共享的方式建设，在巩固脱贫攻坚成果和增强壮大村级集体经济方面起到了重要作用。同时，合作社自成立以来，积极带动周边农户参与种植生产，通过设施技术模式集成示范或派遣技术人员为农户提供高质量田间生产技术服务等，推广统一的现代化、标准化大棚生产模式，实现辐射带动周边农户产业升级和共同发展。

（七）贵港市渝丰农业科技发展有限公司大棚蔬菜种植案例

贵港市渝丰农业科技发展有限公司是一家是以大棚蔬菜种植为核心，集农产品流通、销售为一体的现代农业高新技术示范企业，在贵港市建设有多个辣椒标准化生产基地。所有基地均建设有布局整齐的田间道路、水肥一体化管网，推广应用专业统防统治、测土配方施肥、水肥一体化、生态循环农业等蔬菜清洁生产技术，实行统一标准生产、统一采后处理、统一品牌销售，建立投入品管理制度、生产档案制度、基地产品检测制度、基地准出制度和质量追溯制度，实现全程质量安全管理。

1. 基地建设情况

港北区大圩镇大仁村渝丰公司大棚蔬菜种植基地，2021年建设一期基地面积220多亩，2022年计划扩建250亩，年产辣椒等茄果类蔬菜3 000吨以上，是贵港市重要的"菜篮子"产品基地和"南菜北运"基地。2021年5月以来，该基地已建立集约育苗大棚和蔬菜种植大棚205个。

覃塘区黄练镇岭岑村渝丰公司大棚蔬菜种植基地，2021年建设面积250多亩，年产辣椒等茄果类蔬菜1 500吨以上，是覃塘区新建的"菜篮子"产品基地。2021年4月以来，该基地通过平整土地、小块变大块和合理规划布局，已建立集约育苗大棚和蔬菜种植大棚230个。

2. 设施大棚结构、造价及种植效益

渝丰公司大棚蔬菜种植基地的大棚均采用全钢架Φ25镀锌镍管材质结构，单体棚架，多层聚酯膜覆盖；单个大棚肩高1.5米，顶高3米；单拱长度80米，宽度8米；单个大棚占地1亩，亩均造价3万元。

渝丰公司大棚蔬菜种植基地的土地租金为 0.08 万元/亩，每年农资投入 0.5 万元/亩、人工管理成本 1 万元/亩，种植辣椒产量可达 1 万～1.4 万斤/亩。其中，大仁村辣椒基地 2021 年种植薄皮泡椒 180 亩、螺丝椒 40 亩，近年薄皮泡椒收购均价在 3 元/斤、螺丝椒收购均价在 3.8 元/斤；以亩产 1.2 万斤、均价 3 元/斤计算，两年内即可回本并实现营收 1.04 万元/亩，之后每年可实现营收 2.02 万元/亩。

3. 种植模式

渝丰公司实施辣椒周年种植模式，每年 9 月开始育苗，采用穴盘基质育苗方法；12 月上中旬移栽定植，翌年 3 月开始采摘销售，一般可采摘至 6—7 月；之后休耕养地、晒棚消毒；产量稳定在 1 万～1.4 万斤/亩，亩产值 2 万元以上。

4. 亮点及成效

实行标准化生产，保障产品质量。渝丰公司所建设的大棚蔬菜种植基地均采用相同的设施结构和配套管网，生产设施的建设标准统一，生产全程严格按照质量安全要求管理，既确保了生产效率，又保障了产品安全。

建立联农带农机制，带动农民致富。渝丰公司的每个基地以 250 亩为一个单位，常年雇用务工农民 10 人（包含脱贫户不少于 2 人），季节性用工可达 50 多人，为当地农民创造务工收入近 100 万元。

（八）南宁金之都农业发展有限公司设施百香果案例

南宁金之都农业发展有限公司于 2015 年 6 月成立，注册资金 1 000 万元。金之都公司近年来积极探索百香果设施化种植，推动百香果产业实现高质高效发展。

1. 基地建设情况

金之都公司建设了两个集研发、生产、休闲观光为一体的设施农业生产基地,一是在南宁市西乡塘区坛洛镇金光农场建设了以果树新品种选育与引进研发、种植推广示范和科普教育为主的基地,面积600多亩,引进种植百香果等特色果树优良新品种18个;二是在南宁市青秀区长塘镇建设了百香果标准化高效栽培基地,面积约160亩。金之都公司与自治区农科院水果专家、台湾著名果树专家在果树新品种选育、栽培试验示范、新品种种苗繁育等方面建立长期合作关系,已选育出一批拥有自主知识产权的百香果等新品种,其中已通过专利保护的百香果品种有"金都百香1号"(品种权号:CNA20191004773)、"金都百香3号"(品种权号:CNA20191006419)、"桂百一号"(品种权号:CNA20191004774)。2020年10月,金之都公司被授予广西壮族自治区"桂台农业合作示范基地"称号。

2. 主要做法及成效

一是全新培育适宜本土化种植的百香果品种。"金都百香3号"百香果是金之都公司培育出来的百香果新品种,2021年6月获得农业农村部颁发的植物新品种权证书。该品种香甜多汁,甜度高达19~20度,具有独特的水蜜桃香气,果汁率高达70%以上,是目前所有百香果中出汁率最高的品种,种植出来的每一个百香果都是满满的果汁、满满的维生素C。金之都公司始终坚持绿色生态种植,确保客户吃到的每一个百香果都是健康、绿色、美味的。

二是全程采用防虫网大棚等高端设施种植。金之都公司全程采用防虫网大棚等高端设施种植"金都百香3号"百香果,采用热镀锌钢管、热镀锌圆钢、热镀锌钢线、防虫网、铁板垫片等材料建成多棚式结构棚架，亩均投入约 17 200 元；种植基地全部安装滴喷灌等水肥一体化设施，亩均投入约 1 200 元。百香果网室大棚种植新模式，有效解决了传统种植模式普遍存在的作物易感染病毒和受果实蝇叮咬等生产技术难题。同时，金之都公司实行种植承包制，每人负责管理 15～20 亩的种植面积，盛花期采取蜜蜂授粉为主、人工授粉为辅的措施，让百香果更好更快地开花坐果，有效提高坐果率。

三是全面推行科学高效的设施栽培管理模式。与自治区农科院园艺研究所共同开展关键技术研究攻关，形成了一套无病毒健康嫁接苗生产技术体系，即砧木种子采集→催芽→播种→实生苗→母本园接穗病毒检测→嫁接→良种健康苗木；根据广西独特的气候，还合作研究了百香果网室大棚设施栽培技术，采用棚内培育中大苗、春季种植中大苗的百香果无病毒健康种苗"一年一种"栽培种植方式，配合肥水管理、引蔓修剪、田间除草及病虫害防治等全方位技术措施，形成了百香果病虫防控预防体系及生态循环种植模式，有效防范种植过程中百香果茎基腐病的发生，同时克服传统秋植苗木容易遭受虫害和感染病毒的缺陷，有效提高了百香果的产量与品质。此外，基地种植时使用的是自行生产培育的百香果无病毒健康种苗，从源头上解决了百香果病毒病发生的难题。

3. 经济效益和生态效益

防虫网大棚种植模式能够有效防控病毒病和橘小实蝇的危害，不需要再进行单独防治，有效减少了农药的施用，极大地提高了百香果的品质和商品率。金之都公司的设施农业基地，采用防虫网大棚设施种植的"金都百香 3 号"百香果，亩产平均 4 000～5 000斤，产量非常可观；采用设施大棚种植的"金都百香 3 号"百香果，全年用药比露天栽培减少 82.51%；采用防虫网大棚设施种植的"金都百香 3 号"百香果，商品率高达 90%，比露天栽培的百香果商品率提高 1 倍以上，较市场上的普通百香果品质更优、更具吸引力，平均售价 16 元/斤，极大地突显了商业价值。

（九）广西田诚慧绿色农业有限公司设施葡萄案例

呦呦鹿鸣精品葡萄产业园是柳州市政府重点打造的葡萄特色产业示范园，示范园集种植示范、旅游观光、休闲娱乐为一体。广西田诚慧绿色农业有限公司位于呦呦鹿鸣葡萄产业园内，由上市公司"诺普信"、广西葡萄种植示范公司"真诚农业"以及广西农业互联网公司"慧云信息"共同成立，汇总了各股东单位的优势资源，专注于葡萄产业链服务。

1. 建立广西第一个葡萄产业链服务公司

田诚慧公司葡萄基地全部采取设施栽培，依托自治区农科院技术指导，加上真诚农业公司的技术服务，配合慧云信息公司的智能营养管理，搭配诺普信公司先进的农药产品，综合集成现代技术和要素，建成广西阳光玫瑰品种葡萄种植面积大、技术成熟的基地之一，并为未来葡萄产业升级及品种更新提供了示范和支撑。

2. 建设广西设施葡萄种植标杆基地

一是加强信息监测。在葡萄基地各区域建立自然环境及水土信息检测站，使用慧云信息葡萄管家检测设备，及时了解区域内气温、土壤温湿度，并实时上传后台系统，使各区域气候及土壤情况一目了然，便于及时进行大棚通风透气、水肥营养培肥补给，减少基地各区域树体长势不均匀等状况，实现基地全域科学化、标准化生产。

二是优化设施设备。葡萄基地采用钢结构设施大棚，分四大区域，各区域分若干小区，各片区间均建设 2 米宽路面，可供中小型车辆通过；各大棚长不超过 50 米、宽 5 米、高 3.7 米，便于种植过程通风透气，减少种植过程病虫害发生及气灼等毁园生理病害；阳光玫瑰采售期，可分至少三个加工场地容纳 200 人现场包装加工，并配备两个冷库，便于果品预冷保鲜。

三是强化栽培管理。优化种植管理，亩种植 40～45 棵苗木，棚架为 H 形平棚架，棚平面离地 1.8 米，便于旋耕机、打药机等机械设备进棚操作，极大地节约了人工成本；完善水肥管理配套设施，建设 300 立方米蓄水池，3 个地下水抽水设备及 1 条备用河水注水管道，可实现 24 小时蓄水；智能水肥一体化设备安装至每个片区每棵树，水肥一体化设备包含 3 个配肥池，单次可满足 2 个片区水肥一体化灌溉。

3. 打造高效设施葡萄种植示范品牌

一方面，投入产出相得益彰。设施投入 2.5 万元/亩（可分摊），农资、人工投入 1.5 万元。2021 年平均产量 2 780 斤/亩、产值 3.6 万元/亩，2022 年平均产量预计 3 500 斤/亩、产值预计 4.0 万元/亩，分别较 2021 年提高 25.9%、11.1%。

另一方面，示范引领作用突出。呦呦鹿鸣精品葡萄产业园已经成为广西设施栽培阳光玫瑰葡萄示范区，设施葡萄种植也成为鹿寨县角塘村等村屯的特色农业品牌。田诚慧公司发挥联农带农作用，通过党支部引领、党员骨干率先垂范，发动群众将自家土地进行流转，通过"小块并大块"等模式大力发展葡萄适度规模种植；共发动农户种植精品葡萄 1 200 多亩，并以融合农文旅的形式发展葡萄采摘体验、观光旅游、农家乐等产业业态，有力促进了周边群众特别是脱贫户在参与设施葡萄种植中增加收入。

广西设施农业发展态势分析

一、广西发展设施农业具备的优势

广西作为全国农业大省区，发展设施农业是"十四五"期间促进现代特色农业转型升级、构建现代化农业产业体系、实现农业高质量发展、推进乡村产业振兴的重要路径和有效抓手。从总体来看，广西发展设施农业有条件、有潜力。

（一）基础条件优

广西属亚热带季风气候，素有"天然温室"之称，年平均气温17～22℃，是全国温、光、热、水资源配比极好的区域之一，无论是发展种植业还是养殖业，都有较大的自然优势；比如发展蔬菜大棚种植，广西与北方相比对大棚保温功能要求较低，与海南、广东、福建等省相比对大棚抗台风要求较低，大棚设施材料、工程安装等成本投入更少，冬春季普通经济适用的大棚就可以提高光、热、水、气、肥等利用率50%以上，产出投入比要高于北方地区。广西属于南方丘陵地区，喀斯特地貌透水性好，田间不易积水，能有效防止病害，减少大棚连作障碍。广西沿江沿海，水域广、水面大，海岸线长1 629公里，江河湖海水质全国一流，沿海20米等深线以内宜养面积达800万亩，加上近年来乐滩灌区、大藤峡灌区、龙云灌区等大中型灌区加快建设，发展淡海水设施养殖区域广、品质高、风险低。

（二）产业潜力大

广西农林牧渔业总产值长期居全国前十位，多个农业产业的规模在全国地位十分突出，其中园林水果、桑蚕、蔬菜等产业规模排在全国第 1 位或前 3 位，农业主导产业已经完成"扩面积""上规模"的发展阶段。但放在全国农业大格局来看，与山东、河北、辽宁、江苏、河南 5 省共生产出全国设施蔬菜总量的 2/3 相比，广西设施农业面积和产值在全区农业生产中的比重还不算高、在全国设施农业中的比重更是处在较低水平，在设施农业发展上还有较大的产业布局空间和产业增长潜力。比如，经自治区农科院设施蔬菜创新团队分析测算，广西高寒山区蔬菜产区采用棚膜覆盖可提高棚内平均温度 2～10℃，实现冬春无间断生产和周年均衡供应；设施蔬菜投入产出比可达 1：4.5，全区建设 100 万亩设施蔬菜，可同时带动农资、钢材、塑料薄膜、管材、建材、温室制造、冷链和商业物流、劳务等配套产业发展，实现全产业链的整体产值达 3 000 亿元以上。

二、广西发展设施农业存在的问题

推进广西设施农业发展，虽然当下的政策环境十分有利，外部机遇和自身条件总体利好，但也还有一些需要解决的问题。

（一）土地问题

一是可用土地趋少趋紧。根据第三次国土调查数据显示，全区现有耕地面积 4 961 万亩，人均耕地面积只有 0.87 亩，只有全国平均水平的 64％。有限的耕地首先要保障粮食供给和国家食糖安全，划定了 1 681 万亩的粮食功能区、1 150 万亩糖料蔗保护区，其他产业的用地空间越发趋紧。二是设施用地要求更高更严。自然资源部、农业农村部、国家林草局印发《关于严格耕地用途管制有关问题的通知》，严禁新增占用永久基本农田建设畜禽养殖设施、水产养殖设施和破坏耕作层的种植业设施，严格控制占用一般耕地，对设施用地提出了更高更严要求。三是土地流转难度加大。随着工业化、城镇化进程加快，一方面，农民在向非农产业、向城镇转移时，难以放弃土地所承载的多重功效，不肯放弃土地经营权，对土地流转的积极性不高；另一方面，工业发展和城镇扩张引发农村土地流转费用上升，造成发展设施农业用地成本不断提高。此外，在土地流转过程中，经营主体方靠自身力量往往难以找到用地性质适合、规模连片的土地，经常会存在"土地插花"等情况，不利于满足设施农业规模化生产要求。

（二）资金问题

设施农业前期投资成本大，例如普通大棚中蔬菜（瓜果）每亩的建设成本为 4 万～6 万元、食用菌每亩的建设成本为 10 万～15 万元，钢构大棚每亩建设成本 5 万～10 万元，连片 1 000 亩大棚设施的投资成本达到 5 000 万元甚至 1 亿元，食用菌工厂化每亩建设成本则在 200 万元以上，普通农户大多不具备投资能力，农业企业也面临很大的资金投入压力，依靠企业、农民自筹来发展设施农业具有很大困难和局限性。政府投资补贴虽在一定程度上有效支持了设施农业发展，但政府投资、补贴有限，随着设施农业发展规模的逐渐扩大，会相应出现如政府资金周年政策性调整、企业经营后续资金不足、农民资金短缺等问题，导致设施农业发展的资金风险随之增大。当前，设施农业发展投融资机制体制尚未建立健全，与设施农业直接相关的抵（质）押融资、保险等金融产品也没有得到相应发展，直接影响了设施农业发展壮大。

（三）技术问题

一是农业设施装备水平还不高。设施结构简单，以园艺设施为例，全区简易小拱棚、中拱棚、单体大拱棚占地面积占比达到90％以上，环境可控性及抗御灾害能力强的高端连栋大棚、连栋温室占比不足10％，特别是大型连栋温室占比只有1％左右。以农业物联网和设施专用农机具等为代表的专业技术装备更为欠缺，设施机械化程度和机械作业水平较低。二是配套产业发展还不完善。广西设施农业产业链前端的材料、装备、工程安装等产业、技术发展还不成熟，设施大棚材料几乎全由外地调入，无形中增加了建设成本。三是设施农业科技支撑能力还不强。一方面，广西各地发展的设施农业，不少还停留在传统种养技术设施层面上，缺乏现代化的最新技术集成和系统配套支撑，标准化、信息化、智能化应用程度不高，设施农业在试推品种、病虫害防治、标准化生产等环节缺乏关键核心技术支撑。另一方面，广西设施农业的科技研发起步也相对较晚，各级财政专门针对设施农业的专项科技经费投入有限，设施农业专用品种选育、配套技术、专用设备研发亟待加快发展。广西设施农业亟待突破的关键核心技术见表5-1。

表 5-1 广西亟待突破的设施农业技术

产业	亟待突破的关键核心技术
设施蔬菜	①专用品种选育，尤其是越夏耐热品种；②配套栽培技术集成，包括工厂化育苗、周年排播种植、水肥一体化调控、质量安全全程智能追溯等；③病虫害绿色防控技术，设施蔬菜与露天蔬菜的病虫害有差异；④标准化生产技术，确保生产更优质的产品；⑤产期调节技术，更好地满足周年化消费需求；⑥昆虫授粉技术等替代人工技术
设施水果	①解决盖膜后土壤盐渍化、易板结问题的技术；②设施农业机械化设备研发，尤其是在挖沟改土、修剪、采收等多个技术环节急需小型机械设备与设施果业配套
设施桑蚕	①优良蚕桑品种选育，尤其是抗高温多湿、适宜人工饲料育的桑蚕品种；②集约化机械化高产高质高效种养配套技术集成，包括高标准桑园栽培管理技术、小蚕共育技术（人工饲料育）、大蚕省力化饲养技术、蚕桑病虫害绿色防控技术、方格蔟自动上蔟与机械化采茧技术；③标准化小蚕共育和专业化大蚕房配套设施设备
设施食用菌	①专用品种选育，其中工厂化栽培需要生长周期更短的品种；②原料本地化技术，特别是基于各地不同原料的食用菌基质配方；③栽培管理技术，不同栽培模式的遮阴、加湿、通风等技术集成
设施畜牧业	①空气净化防疫技术设施；②养殖废弃物综合利用处理技术；③自动化、智能化养殖设施设备
设施渔业	①养殖设施系统，尤其是固体排泄物自净能力提升技术；②养殖水质监测系统和智能控制系统改进；③名特优水产品种设施养殖技术；④养殖水体实时灭菌消毒技术；⑤适宜设施养殖的水产品种筛选及推广

(四) 市场问题

一是广西农业全产业链后端的产地批发市场、田头预冷等仓储冷链物流设施建设相对滞后，商贸物流服务体系尚不健全，农产品大型专业批发市场、产地市场和营销组织均较少，设施农业发展仍然面临着产销衔接不畅的问题。二是广西农产品的品牌力和市场定价权弱，在高端市场的知名度还不高，特别是直接掌握在本土企业手中的直通粤港澳大湾区、京津冀、长三角城市群大城市等高端市场的销售渠道不多，制约了设施农业的发展，如贺州市专供香港的豆杯能卖到每斤130元，但在其他市场就难以达到这么高的价格。三是农产品上市时间集中、保质期短、市场波动大，如果没有稳定的市场渠道，极易遇到价格沉底或者滞销问题，企业盲目加大投入力度、扩大设施生产会导致较高的经营风险。

（五）主体问题

一是农村高素质技术人才短缺，尤其是具有设施农业种养经验、设施农业经营管理、设施装备维修等的专门人才和复合型人才十分缺乏，设施农业从业人员受教育程度普遍相对较低，文化水平和科技知识储备不足，对新的管理和技术手段较为陌生，对新设备的使用较为生疏，大多凭传统经验进行农业生产，致使一些先进的技术及设备难以推广应用，不利于设施农业生产水平的提高。二是由于农业比较效益较低，农村地区青壮年劳动力大量外流，大中专毕业生不愿返乡从事农业生产，很多设施企业面临招人难、留人难的问题。三是全区从事设施农业生产经营的企业主体相对较少，目前全区1 574家各级农业产业化龙头企业中，主要发展设施农业的龙头企业比重并不高。

三、广西发展设施农业迎来的机遇

当前，设施农业资源要素加快集聚、市场需求不断升级、政策红利相继释放，广西发展设施农业迎来了历史性机遇。

（一）政策支持力度大带来的机遇

中央高度重视农业农村现代化和乡村振兴，把持续推进农业供给侧结构性改革作为我国深化供给侧结构性改革全局工作的重要内容，在国家层面的顶层设计上，出台了一系列政策措施支持设施农业发展，初步构建了符合农业现代化发展进程要求、较为健全完善的设施农业发展支持政策体系。此外，随着乡村振兴战略全面深入推进实施，农业农村优先发展方针持续有效落实，乡村产业发展用地政策日趋完善，特别是"十四五"期间土地出让收益用于农业农村的比例将提升到50%，支持地方政府发行一般债券和专项债券用于现代农业设施建设，将促进各种资源要素更多进入农业、投入农村。这些政策红利叠加释放，将为广西设施农业带来巨大的发展机遇。

（二）科技渗透程度深带来的机遇

"十四五"时期，新一轮科技革命和产业革命深度交融，现代生物技术、环境工程技术、信息化技术、自动化技术等综合应用于农业生产领域，5G、大数据、物联网、云计算、人工智能、区块链等与农业交互联动，基因工程、细胞工程、发酵工程、酶工程等与农业标准化、绿色化叠加推动，科技创新引领了农业发展方式变革，现代农业领域新产业、新业态、新模式不断涌现。设施农业作为技术综合型、密集型生产方式，在科技深度渗透中将得到持续强劲的动力，必将是未来农业发展的大趋势。

（三）消费升级市场好带来的机遇

当前，我国社会主要矛盾已经转化为人民日益增长的美好生活需要和不平衡不充分的发展之间的矛盾，城乡居民的农产品消费正由"吃得饱"向"吃得好""吃得营养健康"升级，多元化、个性化、品质化、高端化成为新的消费趋势，高品质农产品将逐步成为消费市场的主流，这就要求加快转变农业发展方式，打造更高效益和更高质量的农业供应链。在畅通内循环、扩大内需、构建超大国内市场的新发展格局下，以高技术、高投入、高产出为特征的设施农业所具备的品质农业、品牌农业属性，将更好地满足消费升级带来的广阔市场需求。

四、广西发展设施农业面临的挑战

与其他一些省份相比，广西设施农业全面起步相对较晚，近年来发展规模和水平虽有一定提升，但仍面临一系列挑战。

（一）农业升级的挑战

一方面，广西农业"大而不强"的现状还没有根本改变，传统的优势主导产业大都来到了产业转型升级的拐点，走向更加高质高效发展的需求十分紧迫。例如，园林水果产业在产量登顶全国第一后，面积规模增长空间已经释放殆尽，面临着转向产品优质化、产出高效率来释放新增长红利的局面；蔬菜产业种植面积排全国第2位，产量排全国第8位，单产排全国倒数第4位，加上全国蔬菜生产已经打破季节性限制，广西蔬菜市场空档期优势已被压缩到很小，加快发展设施蔬菜、提升品质品牌效益成为改变现状的必然选择；桑蚕产业已经实现连续 17 年蚕茧产量稳居全国第 1 位，急需通过品种更新、技术更迭、生产方式更替进一步促进高质量发展；广西海岸线长度排在全国第 7 位，但"十三五"期末渔业产值仅占全区农林牧渔业总产值的 8.6％、全国渔业产值的 4％，渔业产业也急需通过转型升级来提升质量效益。另一方面，广西守住耕地红线和生态保护底线的压力非常大，农业生产必须更多依赖现代设施装备支撑，通过发展设施农业减少占用耕地、减少环境污染、提高水土资源利用率，在科学应对水、土地等资源越发紧缺困境的同时，确保重要农产品有效供给。

（二）市场竞争的挑战

广西发展现代特色农业的自然资源禀赋优越，但设施农业发展起步较晚，在设施建设、技术研究、装备研发、资金投入方面与山东、江苏等先进省份存在一定差距。同时，周边省份近年来都在加快推进设施农业发展，如贵州提出"500 万亩辣椒行动"、湖南提出 5 个"100 万亩"设施农业产业建设、江西大力发展设施蔬菜打造粤港澳大湾区"后菜园"，从总体上看，广西设施农业现阶段综合竞争力与周边省份相比尚未形成优势，面临着较为激烈的市场竞争。

（三）成本控制的挑战

设施农业高产出、高效益的背后，是高投入和科技集聚、劳动密集。随着农村人口结构变化，农业土地和农村劳动力要素价格大幅上升，农资价格不断上涨，加上生态环境成本逐步显现，导致设施农业生产成本持续上升、比较效益下降。此外,从设施农业发展实践来看,设施农业只有形成相当的规模,才有利于规范化、标准化生产,才可能形成有影响力的品牌,从而占领市场,使资源优势得到有效的开发与持续利用,同时带来巨大的经济效益。比如,在同类温室大棚建设成本方面,大型连片的温室大棚单位建设成本要更低,可以降低约 20% 的成本。广西推进设施农业发展,需要有效应对成本与收益平衡的挑战。

(四) 劳动力素质的挑战

现代化、规模化的设施农业,往往是工厂化工作环境和机械化生产方式,以及运用物联网、大数据等前沿技术,具有较高的生产技术水平和完善的运营模式,加之因采用长季节栽培的规模化温室,与传统种植管理方式有诸多不同,管理较为精细,对从事设施农业的劳动力在整体素质要求上相对更高。目前,广西与全国大多数地方一样,农村中从事农业生产经营的农民多为高龄、低学历人员,在设施农业发展中面临着劳动力素质整体相对不足的挑战。

(五) 延伸产业的挑战

当前,广西农业设施化程度总体还较低,设施农业产业链前端的专用种业、专门材料、专业装备、设施工程安装等产业相对还不成熟,后端的产地批发市场、配套仓储冷链物流设施建设等也相对滞后,设施农业分拣、包装等尚未建立统一标准,以农业物联网和设施专用农机具等为代表的专业技术装备更为欠缺。广西推进设施农业发展,面临着延伸产业、补强链条的挑战。

广西设施农业发展战略构思

一、"十四五"时期广西设施农业发展总体思路

（一）明确指导思想

"十四五"时期，应把发展设施农业上升到广西农业高质量发展和农业现代化的战略全局中进行谋划、部署和推进，强化顶层设计，优化产业布局，配套重大项目，力争在新一轮科技革命、产业变革中实现农业产业基础高级化和产业链现代化的转型升级，形成由数量到效率、由品质到品牌的农业竞争新优势。

"十四五"时期广西设施农业发展的指导思想是，坚持以习近平新时代中国特色社会主义思想为指导，学习贯彻习近平总书记视察广西"4·27"重要讲话精神和对广西工作系列重要指示要求，贯彻落实党的二十大精神以及中央农村工作会议、自治区第十二次党代会精神，以高质量发展为主题，以推进农业供给侧结构性改革和农业现代化为主线，加强政策支持，创新发展机制，强化保障措施，通过政府引导、市场主导、科技支撑、农户参与的方式，加快推进全区设施农业发展壮大，做大做强设施蔬菜、设施水果、设施桑蚕、设施食用菌、设施畜牧业、设施渔业，全面提高农业生产效率、质量效益和综合竞争力，有效确保"菜篮子"产品稳产保供，为全区乡村产业振兴和现代特色农业高质量发展奠定坚实基础。

（二）坚持基本原则

一是坚持政府引导、市场主导的原则。以市场需求为导向，充分发挥市场在资源配置中的决定性作用。加大政府在设施农业基础设施建设方面的投入力度，为设施农业生产经营主体搭建产业发展平台、提供政策支持环境，引导工商资本有序进入设施农业领域。

二是坚持生态优先、绿色发展的原则。坚持绿色发展理念，聚焦生态优先、绿色高效的高质量发展要求，大力推进设施农业绿色化、标准化发展，着力提高土地、水资源等使用效率和化肥、农药等利用效率，实现全区设施农业绿色发展、生态友好。

三是坚持统筹兼顾、协调发展的原则。依据全区各地区资源条件和生产基础，因地制宜、科学合理布局设施农业，不断优化产业结构，稳步推进适度规模经营，放大规模化、集约化设施生产的综合效益。

四是坚持创新引领、融合发展的原则。充分发挥科技在设施农业发展中的支撑和引领作用，引进集成和示范推广设施农业新品种、新技术、新装备，着力提高设施农业标准化、产业化发展水平，持续加强冷链物流、农产品加工等产业链环节的设施建设，全面提升设施农业质量效益和竞争力，形成基地生产规模化、设备技术集成化、设施品种专用化、覆盖材料多样化、病虫害防控绿色化的态势。

五是坚持农民参与、共享发展的原则。积极构建生产经营主体间利益联结机制，充分引导、带动农民参与到设施农业发展的产业链条之中，鼓励农民参与其中某个环节或者直接进行农业设施建设，共享生产效率提升和产品质量提升带来的增值收益。

（三）统筹三个关键

1. 政府引导和市场主体的作用发挥

农业本身就是弱质化、周期长的产业，设施农业更是需要前期高投入、高成本运营，有一定市场风险，没有政府牵头和支持，企业轻易不敢搞、农民一般搞不了。必须统筹用好政府宏观调控这只"有形的手"和市场调节这只"无形的手"，突出政府的引导作用和市场的主体作用，探索建立"政府＋平台公司＋经营企业"的设施农业运营体系。其中，政府负责完善基础设施建设（类似于园区建设的"四通一平"），强化财政资金引导、社会资金撬动，加大金融、保险扶持力度，打造市场化、法治化、便利化营商环境；平台公司负责建设高标准温室、现代化大棚等配套设施，通过向经营企业租赁配套设施逐步收回建设成本；经营企业拎包进驻，承担经营风险，并利用其市场、技术、管理等优势全力做好种植生产、产品开发和营销开拓，全面提升设施农业的市场竞争力和盈利能力、抗风险能力。"政府＋平台公司＋经营企业"的设施农业运营体系，既能解决经营企业前期投入大的资金难题，又能有效防止经营企业以设施农业套取补贴、圈地占地等不法行为，还能在设施农业生产经营不善时及时更换经营主体。

2. 高端引领和多元开发的战略选择

广西推进设施农业发展，不是需要解决从"0"到"1"的产品生产问题，而是重在破解从"有"到"优"的高质量发展瓶颈。在布局设施农业时，要做好设施农业发展中长期规划，做到"精准定位、规范定标"，充分分析市场、对接市场，明确设施农产品市场定位，分类分层级制定产业发展策略、优化行业标准。要把设施农业发展的重点聚焦到中高端市场，打造高端农产品品牌，建设品牌分级体系，把广西农业规模"大"的优势转化为生产效率高、产品品质佳、产业品牌响的高质量发展优势；同时，要兼顾市场大众化路线，提供品类丰富、品种多元、价格适宜的优质农产品。

3. 设施建设和耕地保护的有机统一

设施农业用地需求较大，在发展壮大设施农业的过程中，要处理好耕地保护和设施建设的关系，既要落实最严格的耕地保护制度，坚决守住耕地红线，又要合理保障设施农业发展的用地需求，提高供地效率。要按照国家关于遏制耕地"非农化"和防止耕地"非粮化"等耕地保护相关要求，规范设施农业用地管理，设施建设严禁占用永久基本农田，严格控制使用一般耕地，特别是禁止以设施农业用地为名从事非农建设。要注重规模适度，如在设施蔬菜基地建设中规模不应过大，一般每个基地以 100～200 亩为宜。要充分利用荒地、滩涂、坑塘水面以及闲置建设用地、工矿废弃地，依法合理利用一般耕地，确有必要使用一般耕地的应按要求落实"进出平衡"，实现耕地保护和设施建设的有机统一。

（四）强化组织领导

1. 尽快全面摸清家底

由各级农业主管部门统一组织，对本地资源禀赋、气候条件、发展基础及市场潜力等情况开展全面摸底调查，建立设施农业可利用资源档案，像脱贫攻坚时期发展县级"5＋2"、村级"3＋1"特色产业那样建立设施农业重点产业清单，定期更新补充，实行动态监测，为全区设施农业发展提供科学依据。

2. 落实层层分解任务

自治区层面和市县层面尽快建立健全加快推进设施农业发展的规划体系、工作体系和产业布局体系，明确全区设施农业发展"十四五"时期的阶段目标和设施蔬菜、设施水果、设施桑蚕、设施食用菌、设施畜牧业、设施渔业发展的重点任务。自治区层面农业主管部门将目标任务部署到设区市，设区市人民政府将目标任务分解到县（市、区），县（市、区）人民政府将目标任务细分下达到乡镇，层层分解、下沉布局，明确到具体地块、具体负责人。健全目标任务考核机制，结合"菜篮子"市长负责制考核要求，将发展设施农业纳入对市、县（市、区）政府绩效考核范畴，对成绩突出的市县给予财政资金奖补并在项目安排上优先支持。

3. 着力加强工作统筹

自治区层面建立农业主管部门牵头，财政、自然资源、金融等部门共同参与的工作协调机制，明确职责分工，强化协作配合，整合部门资源，加强对全区设施农业发展的指导、管理和服务，推动政策落实、项目落地。各市、县（市、区）强化责任担当，狠抓工作落实，把设施农业作为促进乡村振兴的重点产业，纳入政府年度工作重点任务，并建立相应机制，负责本地区设施农业发展的项目实施、综合协调、督促落实、宣传引导等。

二、"十四五"时期广西设施蔬菜发展战略构思

（一）发展思路

立足区位和资源优势，以市场需求为导向，以发展设施蔬菜为

突破口，推动广西蔬菜产业转型升级，构建高质高效的现代化蔬菜产业体系，提高广西蔬菜综合生产能力和效益。把设施大棚建设和水肥一体化改造作为重点，发展多样化、集约化、智能化、低本高效的设施蔬菜生产，确保建成城市保障性棚架设施菜园 30 万亩，力争新建 100 万亩的棚架设施蔬菜和 100 万亩的露天蔬菜水肥一体化设施，力争全区设施蔬菜产量达到 500 万吨以上、产值达到 300 亿元。

（二）产业布局

结合资源禀赋、气候环境和产业基础，统筹区域协调、产业协同和市场需求，在广西重点布局打造优势突出、链条完善的四大设施蔬菜特色产区。

1. 重点打造桂南及右江河谷地区冬春设施蔬菜产区

桂南及右江河谷地区冬春设施蔬菜产区主要涵盖北海市、钦州市、南宁市、崇左市、百色市等地，主要推广应用大中型塑料薄膜钢架棚，重点开展瓜类、茄果类、豆类、叶菜类等蔬菜春提早、越冬栽培，主要供应"三北"市场和用于出口创汇，力争到 2025 年新增棚架设施蔬菜 25 万亩以上。

2. 重点打造供粤港澳设施蔬菜产区

供粤港澳设施蔬菜产区主要涵盖贺州市、梧州市、玉林市、南宁市等地，主要推广应用轻简大棚、大中型塑料薄膜钢架棚、温室以及越夏避雨设施，重点开展多样化的高品质蔬菜种植，主要对接粤港澳大湾区市场，力争到 2025 年新增棚架设施蔬菜 30 万亩以上。

3. 重点打造高山反季节设施蔬菜产区

高山反季节设施蔬菜产区重点在桂北、桂西北海拔 800 米以上的土山区，重点推广应用防虫网、遮阳网、避雨设施、大中型塑料薄膜钢架棚，适度发展茄果类、叶菜类等蔬菜越夏避雨栽培，主要供应南方地区夏秋淡季市场，力争到 2025 年新增棚架设施蔬菜 20 万亩以上。

4. 重点打造城市郊区设施蔬菜产区

城市郊区设施蔬菜产区主要在南宁市、柳州市、桂林市、玉林市、梧州市等人口稠密的城市郊区，主要推广应用简易棚、大中型塑料薄膜钢架棚和连栋现代化温室，重点开展叶菜类、高品质瓜果、观赏和特色蔬菜周年栽培，实现城市保障性蔬菜常年供应，兼顾休闲观光和科普功能，力争到 2025 年新增棚架设施蔬菜 35 万亩以上。

（三）发展重点

1. 强化露天蔬菜简易设施使用

以现有常年露天蔬菜基地、专业蔬菜生产区域为中心，打造水肥一体化、早春双膜覆盖、越夏避雨栽培等简易设备设施，重视简易设施栽培和露天设施栽培，积极研发推广可拆除再安装、价格便宜的轻简设施设备。

2. 推进全产业链标准体系建设

加快设施蔬菜全产业链标准体系研究，因地制宜分类推广应用小拱棚、中拱棚、单体大拱棚、连栋大棚等规范设施结构，引进和推广轻简化、机械化、智能化设施设备，大力推进设施蔬菜农机农艺融合发展，形成适合广西的设施蔬菜生产模式、主推品种、设施大棚建设工程技术标准、生产技术标准、产品包装和运输标准，构建形成每一个环节都有标可依、按标生产的全产业链标准体系，为高效生产提供技术保障。

3. 强化科技支撑体系

建设设施农业新型研发机构，构建设施蔬菜产业大数据平台。组建设施蔬菜科技与产业创新联盟、智库，建设广西现代农业产业技术体系设施蔬菜产业创新团队，培养服务产业的人才队伍。围绕发展百万亩设施蔬菜产业行动的重大科技需求，聚焦产业发展、实际应用、农民需求，开展设施蔬菜"两高一优"（高产高效优质）产业急需技术的科技研发，集中攻克产区设施环境监测、设施结构选型、优质高产高效、产季调节、轻基质栽培、病虫害绿色防控、轻简化生产、资源化利用、机械化种收等重大关键技术，为全区设施蔬菜产业高质量发展提供强有力的科技支撑。

4. 创新生产经营模式

积极引导各地根据当地实际，创新发展"龙头企业＋基地＋种植户""政府平台＋种植户＋销售企业"等生产经营和管理方式，推行统一规划设计、统一搭建大棚、统一设施配套、统一政策扶持、统一种植品种、统一技术指导、分户经营的"六统一分"模式，构建利益紧密型产业化联合体，推进设施蔬菜规模化生产、集约化经营、产业化发展。

5. 打造优势产业品牌

以市、县为版块，充分挖掘地方优势特色，发展主打品种品类，打造形成设施蔬菜发展的品牌效应。鼓励各类农业经济实体或服务组织创建设施蔬菜企业品牌，积极开展品牌蔬菜的注册和认证工作。推进设施蔬菜标准化、专业化生产，积极培育打造具有广西特色的蔬菜区域公用品牌，加快"桂字号"蔬菜在全国一线城市布局。加快发展知名度高的地理标志产品和高附加值产品，做优高档品牌，提高广西设施蔬菜产品的细分市场知名度，提升广西设施蔬菜产业的品牌竞争力和市场占有率。

三、"十四五"时期广西设施食用菌发展战略构思

(一) 发展思路

聚焦食用菌产业基础高级化和产业链现代化,进一步优化全区设施食用菌产业布局,强化设施食用菌科技支撑、龙头培育、品牌建设,加快推进设施食用菌工厂化制种、设施化栽培、智能化管理,多维保障促进全区设施食用菌增总量、提品质、拓市场,全面提升全区设施食用菌产业规模质量效益和综合竞争力,以设施食用菌引领广西加速建成中国南方地区重要食用菌基地。力争到 2025年,全区新增年工厂化制包能力 2 亿包以上,设施生产优质食用菌鲜品产量达到 85 万吨以上,产值超过 80 亿元。

(二) 产业布局

重点发展以柳州市、桂林市、河池市、贺州市、百色市、来宾市、贵港市为主的食用菌设施生产优势区,以南宁市、崇左市、玉林市、桂林市、梧州市为主的食用菌工厂化生产优势区,钦州市、防城港市、北海市等逐步扩大设施生产规模。

(三) 发展重点

1. 强化科技支撑,构建良种体系

加强设施食用菌科技人才队伍建设,深化科企合作,建立以企业为主体、市场为导向、产学研深度融合的设施食用菌科技创新和

成果转化体系。依托农业科研机构和广西食用菌创新团队等技术力量加强设施食用菌生产技术指导，做好重大技术协同推广和科技项目联合攻关。重点构建以企业为主体、产学研相结合、育繁推一体化的食用菌现代种业体系。以市场为导向，选育具有自主知识产权、适宜广西湿热气候设施栽培的食用菌良种和新品种，并做好食用菌品种知识产权保护工作。建设食用菌良种生产繁育基地，加强木耳、香菇、平菇、灵芝等优质菌种菌包（棒）集中生产供应。

2. 优化产业结构，提升设施水平

优化设施食用菌产业布局与产品结构，以双孢蘑菇、云耳、香菇、秀珍菇、平菇、草菇六大产业集聚区为重点，依托龙头企业、专业合作社布局建设一批设施食用菌产业园，建立品种相对集中的设施食用菌生产基地，着力打造一批设施食用菌产业集群，推动设施食用菌产业化布局和专业化生产。推进食用菌生产设施升级换代，因地制宜新建、扩建一批食用菌工厂化菌包（棒）生产、出菇高标准厂房、标准化出菇大棚等设施。鼓励经营主体依法依规使用闲置房屋、低效林地、荒坡荒地等建设食用菌设施。加大力度引入自动化、智能化机械设备及设施，并提升精细化管理水平，增强优质食用菌产品周年生产和稳定供给能力。

3. 培育龙头企业，培强产业链条

引进区外和培育本地设施食用菌龙头企业，并加快培育农民合作社、家庭农场、专业大户等新型农业经营主体，重点推广以企业为主体的工厂化食用菌生产模式和以"公司＋农户"为主体的集约化设施食用菌生产模式，推动设施食用菌组织化、市场化、产业化、规模化发展。支持龙头企业全产业链发展，建立菌种和原材料供应、种植生产、加工一体化全产业链发展模式。重点依托龙头企业发展食用菌精深加工产业，深入系统研究食用菌品种的功能活性，开发食用菌氨基酸、蛋白粉、零食饮料、衍生药品等高技术含量、高附加值的系列食用菌精深加工产品，提升食用菌产品附加值，以加工业带动种植业发展。拓展产业功能，挖掘设施食用菌观光旅游功能，加快发展菌用物资、机械装备、物流运输、餐饮烹饪、康养长寿等关联产业，促进一二三产业融合发展。

4. 打造桂菌品牌，开拓高端市场

进一步挖掘食用菌的历史文化和广西独特少数民族文化内涵，加大力度培育具有浓郁民族特色的"桂菌"品牌，如"瑶家菌""壮家菇"等民族品牌。建立、完善食用菌生产设施标准、种植标准、质量标准等标准体系，推进设施食用菌标准化发展，树立区域大品牌观念，整合现有品牌，集中力度强化广西食用菌品牌文化传播。进一步加大设施食用菌优质产品认证力度，鼓励和支持设施食用菌生产经营主体开展绿色食品、有机产品、地标产品、富硒农产品认证以及申报"广西好嘢"农产品品牌目录等。积极融入双循环新发展格局和畅通国内大循环，开拓食用菌高端消费市场，推进粤港澳大湾区"菜篮子"基地、"圳品"基地、出口基地等高品质设施食用菌生产基地建设，利用高标准厂房设施大力发展黑皮鸡枞、银耳、茯苓、竹荪、灰树花、杏鲍菇、灵芝、桑黄等珍稀高端品种，走高端精品路线。

5. 强化保障措施，推动产业发展

制定完善设施食用菌产业高质量发展支持政策，在设施食用菌产业用地、用水、用电及税收等方面给予政策优惠，拓宽设施食用菌相关机械、设施补贴范围。加大设施食用菌科技项目支持和产业资金扶持力度，将设施食用菌产业列入重点扶持的特色产业发展专

项。将设施食用菌产业纳入全局性的设施农业发展一盘棋进行统筹考虑，强化宣传指导，逐级分解设施食用菌产业发展目标，确保设施食用菌产业稳步发展。

四、"十四五"时期广西设施桑蚕发展战略构思

（一）发展思路

聚焦推动桑蚕产业高质量发展的总要求和建设蚕桑产业强区的总目标，实施规模化、标准化、产业化、品牌化和设施化的广西桑蚕产业发展战略，利用市场份额优势、品种优势和技术优势，集成推广小蚕共育、大蚕工厂化养殖，大力推进自动化加温补湿设备、切叶机、塑料蚕框和小蚕饲育机等自动化设施完备的标准小蚕共育室建设，以及轨道式喂蚕车、自动上蔟架、方格蔟、自动采茧机等省力化设施齐全的专业化大蚕房建设，全面提升全区桑蚕生产的设施水平，保障全区商品小蚕质量，提高大蚕饲养成功率，综合提高生产效率和产量质量，为打造广西高质高效桑蚕产业夯实基础。力争到 2025 年，实现设施生产优质蚕茧产量达到 30 万吨、占蚕茧总产量的 65%，产值达到 150 亿元、占产业总产值的 70%，5A 级高品位生丝占比达到 50% 以上。

（二）产业布局

推进设施桑蚕生产向优势区域集中，打造优势特色产业集群，重点推动河池市、百色市、柳州市等蚕区优质原料茧基地建设，打

造宜州、环江、那坡、靖西、凌云、忻城、鹿寨、柳城、平果、蒙山等 10 个可稳定生产 5A 级、6A 级高品位生丝的优质原料茧示范基地县（市、区）。

（三）发展重点

1. 强化科技支撑和基础设施保障

加大蚕桑品种、机械的研发与技术创新力度，加强桑园、蚕房及配套设施设备建设，提升产业装备水平，推进标准化生产。重点以"良种、良法、良具"作为设施桑蚕发展的主线，加大蚕桑标准园、标准小蚕共育室和专业化大蚕房等基础设施建设力度，配套高效种养机械装备，提高蚕桑生产的设施化、机械化和智能化水平；推广"桂蚕 8 号""桂桑 5 号"等蚕桑优良品种和小蚕共育、大蚕省力育、人工饲料育等先进实用技术，推进蚕桑生产向标准化、规模化、工厂化方向发展。

2. 强化龙头带动和产业集成配套

推进茧丝加工企业升级转型，在巩固和提升生丝加工能力的基础上，大力发展织绸、印染、服装、家纺等茧丝精深加工项目，延长产业链、创制新产品、培育大品牌，提高茧丝企业的规模化和一体化水平，提升桑蚕产业集中度和设施桑蚕生产集聚度，提升生产的整体效率和产业的整体效益，促进一二三产业融合发展。重点以政府为引领、以农业龙头企业为核心、以家庭农场或专业合作社为载体推进设施桑蚕规模化生产、产业化经营，打造一批"公司＋基地＋农户""公司＋合作社＋农户"的设施蚕业生产基地。

3. 强化政策扶持和重点项目支撑

加大设施桑蚕基础设施及配套建设的资金扶持力度，在桑蚕优势区域整合乡村振兴产业发展资金扶持设施蚕桑发展，打造以桑蚕产业为核心的乡村振兴示范村、镇、县。强化政策配套，规范标准小蚕共育室和专业化大蚕房等生产设施建设用地审批制度，为桑蚕生产的现代化设施建设提供政策支持。"十四五"期间，重点谋划、储备、支持一批设施桑蚕重点项目，包括改扩建标准小蚕共育室及配套 20 万平方米以上，年共育优质小蚕 500 万张以上；改扩建专业大蚕房及配套 1 000 万平方米以上，生产优质蚕茧 30 万吨以上。

五、"十四五"时期广西设施水产畜牧业发展战略构思

（一）发展思路

大力发展畜禽设施化养殖。按照"品种优良化、设施现代化、防疫规范化、粪污资源化、产品安全化"的要求，因地制宜发展设施规模化养殖，制定主要畜禽品种规模化养殖设施装备配套技术规范，推进养殖工艺与设施装备的集成配套，稳步发展全程机械化养殖场和示范基地，积极推广智能化畜禽养殖设施设备应用和"生态栏舍＋微生物"等现代生态养殖模式，完善畜禽生态化饲养管理规程，全面提升绿色养殖水平。

大力发展水产品设施化养殖。重点推广集装箱养殖、循环水槽养殖、工厂化养殖、陆基圆池养殖等设施养殖模式和多种形式的设施渔业技术，重点建设一批深水抗风浪网箱生态养殖产业园区、浅海滩涂海水贝类生态养殖产业园区、陆基配套海洋渔业产业园区、

陆基设施渔业（圆形池、集装箱、池塘工程化等）生态养殖产业园区、大水面生态渔业产业示范园区、稻渔综合种养产业示范园区等设施渔业产业基地，构建绿色低碳循环发展渔业产业体系，不断提高水产品养殖设施化水平。

（二）产业布局

生猪方面，优势区重点布局在南宁市、贵港市、玉林市、桂林市、贺州市，特色区重点布局在北海市、钦州市、百色市、河池市。肉牛肉羊方面，优势区重点布局在南宁市、崇左市、来宾市、柳州市、河池市、百色市、贵港市、钦州市、防城港市、桂林市。家禽方面，优势区重点布局在南宁市、玉林市、贵港市、钦州市、北海市、柳州市、贺州市、百色市、来宾市。奶水牛方面，优势区重点布局在南宁市、钦州市、玉林市、贵港市、防城港市。水产品方面，海洋渔业重点以北部湾沿海三市（北海市、钦州市和防城港市）作为设施渔业优势产业集聚区，淡水渔业重点以冷水资源丰富地区作为亚冷水性鱼类特色品种产业集聚区、以地下水资源丰富地区作为鳗鲡等特色品种产业集聚区、以山区流水资源丰富地区作为小窝流水养殖产业集聚区。

（三）发展重点

1. 加强良种体系建设

加强畜禽和渔业种质资源保护与利用，加快地方特色品种产业化开发，针对设施化养殖需求开展畜禽和渔业良种联合攻关，加快培育一批生产性能水平高、综合性状优良、重点性状突出、适合设施化养殖的畜禽和渔业新品种及配套系。加快打造一批国家级、自治区级的畜禽和渔业种苗育繁推一体化企业，大力推进南美白对虾良种场、海淡水名贵鱼类和贝类规模苗种场等升级改造，加强新品种扩繁推广应用，为设施水产畜牧业发展提供良种支撑。

2. 高标准推进规模化设施养殖

因地制宜发展规模化设施养殖，引导养殖场（户）改造提升基础设施条件，对全区的养殖池塘进行高标准改造和设施更新，大力创建一批生产高效、环境友好、产品安全、管理先进的畜禽养殖标准化示范场，大力建设一批规模适度、要素集聚、技术集成的深海抗风浪网箱养殖、陆基圆池养殖、池塘工程化养殖、集装箱养殖、工厂化养殖等设施渔业基地。大力培育设施水产畜牧业的新型经营主体，鼓励龙头企业发挥引领带动作用并探索多种模式与合作社、家庭农场、种养农户紧密合作，通过设施共建、技术共享、品牌共创等方式形成稳定的设施化养殖产业联合体。加强设施养殖基地信息化建设，大力推广应用物联网、人工智能、大数据等新技术，提高圈舍环境调控、精准饲喂、动物疫病监测、畜产品质量追溯等智能化水平，创建一批机械化、自动化、信息化、智能化的数字养殖场和智慧渔场。探索发展立体循环型综合种养，重点推广"猪—鱼—米""鸡—鱼—菜"等"生态＋设施"循环种养模式，打造标准化稻鱼综合种养等示范基地，提升设施水产畜牧业综合效益和发展水平。

3. 配套开展畜禽养殖废弃物资源化利用

以畜禽养殖废弃物资源化利用和病死畜禽无害化处理为重点，在建设畜禽养殖设施时充分考虑环保环节，配套集成畜禽养殖废弃物资源化利用的环保设施，探索实施畜禽粪污还田利用等模式，保障设施养殖环境清洁，把设施养殖打造成彰显绿色发展的现代生态产业。按照"谁产生、谁负责"的原则，严格落实养殖场（户）主体责任，探索实施规模养殖场粪污处理设施分类管理，确保粪污处理达到无害化要求，满足肥料化利用的基本条件。推动建立符合广西实际的粪污养分平衡管理制度，指导养殖场（户）建立粪污处理和利用台账、种植户建立粪肥施用台账，健全覆盖各环节的全链条管理体系，科学指导粪污资源化利用。

广西设施农业发展对策建议

一、突出市场导向，打造优势大产业

1. 打造产业集群

围绕《广西推进农业农村现代化"十四五"规划》提出的构建"六主多区多集群"农业发展格局和"10＋3"现代特色农业产业体系，结合广西设施农业发展现状实际，突出以设施蔬菜、设施食用菌、设施桑蚕、设施畜牧业、设施渔业为重点设施产业建链集群，统筹推进水果、中药材、粮油、茶叶、稻鱼（虾）共生等产业设施化发展，构建广西现代特色农业的"6＋N"设施农业产业体系。把设施农业发展与广西正在推进的现代农业产业集群、农业全产业链重点链和典型县、特色农产品优势区、现代特色农业示范区、农村产业融合发展示范园、现代农业产业园、田园综合体、农业产业强镇等建设结合起来，优化设施农业产业布局、发展重点和链条打造，推进设施农业走园区化和全产业链发展道路，打造形成一批设施农业产业示范基地，在全区现有农业优势主产区的基础上重点打造形成一批设施农业产业集群。力争到2025年，全区设施蔬菜面积发展到100万亩、产值达到100亿元，设施水果栽培面积达到900万亩、产值达到600亿元，设施生产优质蚕茧产量达到30万吨、产值达到150亿元，设施生产优质食用菌鲜品产量达到85万吨以上、产值超过80亿元，设施渔业养殖产量达到200万吨、产值突破600亿元，畜禽规模养殖场粪污资源化利用设施配套率继续保持在90％以上、畜牧业产值达到1 400亿元，设施粮油、中药材、茶叶等其他设施农业产业总产值达到70亿元，实现全区设施农业产业集群总规模达到 3 000 亿元。

2. 培育高端品牌

围绕设施农用地标准、设施设备标准、工程安装标准、投入品标准、生产过程标准、产品质量标准、仓储冷链物流标准等制定完善设施农业标准体系，按照"全程贯标"和"绿色标准化"要求，推行绿色标准化生产和"按标生产"。加强设施农业产品质量安全监管，督促设施农业经营主体落实质量安全责任，全面落实《广西试行食用农产品合格证制度实施方案》，在设施农业中率先全面推进农产品质量安全追溯体系建设。推动设施农业中具有区域性特色优势的农产品申报地理标志保护登记和全国名特优新农产品认证，支持设施农业经营主体开展绿色食品、有机产品认证，加快认证一批专供粤港澳大湾区基地、"圳品"基地、出口基地。将设施农业产品作为"广西好嘢"品牌目录的重点产品范畴，加强高端、精品品牌培育打造，利用"广西好嘢"品牌渠道不断提升广西设施农业的产业知名度、产品美誉度和品牌影响力、市场竞争力。

3. 壮大经营主体

以资本雄厚、技术先进、发展经验丰富、市场渠道宽阔等为参照条件，大力引进国内设施农业领军企业入桂发展设施农业，带来先进技术模式，引领走向高端市场。大力扶持本土农业产业化龙头企业建设设施农业产业园区，加快发展一批设施农业生产、加工及服务企业。以广西农垦集团、广西农村投资集团等区直国有大型农业平台公司作为主体，引进社会资源等参与设施农业开发，打造一批集研发、示范、推广、营销于一体的设施农业示范发展平台。力争到2025 年，每个县（市、区）至少形成设施农业龙头企业 2 家以上。扶持培育农民合作社、家庭农场、种养专业大户等发展适度规模设施农业，培养设施农业"带头人"、技术骨干、高素质农民，使之成为设施农业发展的有生力量。

4. 推行高效模式

通过"政府搭台、企业唱戏、多元投入、市场运作"的方式，推行由政府建设施、设施农业企业轻资产发展的模式。大力发展"企业（合作社）＋基地＋农户"的设施农业产业化模式，构建利益紧密型的设施农业产业化联合体，完善联农带农机制。支持村级集体经济入股投资温室大棚、陆基圆池等标准化设施建设，鼓励小农户通过土地、劳务、资金等多渠道参与设施农业基地建设和设施农业生产经营，带动小农户进入现代农业全产业链。加快产业融合发展，推动设施农业从农产品生产向前、后两端拓展延伸，通过跨界配置资源和要素，带动设施农业专用种业、设施专用材料、设施专用设备等关联产业发展，构建设施农业全产业链。积极推进设施农业横向开发多种功能，发展与设施农业有关的休闲旅游、文化创意、科普研学、健康养老、特色餐饮、智慧农业等新业态，实现融合农文旅的价值链提升。

5. 做好产销对接

依托"菜篮子"工程，建立形成自治区、市、县多层级的设施农业产业链信息采集机制，全面摸清掌握设施农业生产品种、产量、上市时间等基本情况，对供需情况及时研判预警，及时为设施农业经营主体提供生产引导，提升设施农业产业发展的预见性和主动性。支持发展订单农业等点对点的设施农业生产模式，通过供需见面、产品洽谈等方式，促进设施农业生产基地与销售商签订购销意向协议，引导设施农业生产经营主体根据市场需求按需生产、按时生产。充分发挥电商平台汇聚农业大数据的优势，推动国内头部电商与广西设施农业园区（基地）直接建立合作关系，将市场需求更加高效、准确地反馈到设施农业生产端，促进产销精准对接。加快产地批发市场、田头预冷等仓储冷链物流设施建设，充分利用农业展会、产销对接会、农业招商引资等平台，积极推动设施农业产品特别是高端、精品产品的品牌营销，加快广西优势特色农产品在全国一线城市特别是粤港澳大湾区城市的市场布局。

二、创新技术集成，加强科技大支撑

1. 强化"三位一体"联动的体系

深化科企合作，继续创新和强化"创新团队研发攻关＋科技先锋队指导推广＋市场主体应用"的"三位一体"科技支撑，并在此基础上进一步推动建立以市场为导向、以企业为主体、产学研深度融合的设施农业工程技术创新体系，加强全区设施农业发展的科技创新和成果转化。探索科技成果转化的制度创新和激励机制创新，鼓励区直科研单位设施农业创新团队带着优新品种和关键技术到全区各地设施农业生产基地、园区推广应用，建立健全创新团队与产业园区（基地）的成果转化应用定点服务机制。推进建设设施农业科技园区，引导科技、信息、人才、资金等创新要素向科技园区集聚，发展面向市场的设施农业技术研发、成果转化和产业孵化。

2. 强化前中后环节协同的支撑

一是加强前端的品种技术攻关。加强设施农业重大品种和关键核心技术攻关，在"十四五"期间，从 2023 年起连续 3 年增设设施农业领域自治区科技重大专项，重点支持研发和创新一批关键核心技术及产品。提升设施农业种源供给能力，培育发展一批设施农业育繁推一体化种子种苗龙头企业，推进建设一批专门服务设施农业发展的国家育制种基地和区域性良繁基地、畜禽核心育种场、育繁推一体化示范基地、品种测试基地。二是强化中端的科技推广应用。完善以企业为主导的科技推广应用体系，推动设施农业企业与科研单位联合开展设施技术、设施模式的集成、孵化和应用。支持引导龙头企业和农民合作社做好产前农资、种苗服务，产中技术指导，产后商品化处理、品牌营销，提高设施农业生产的组织化程度和产业化水平。推进实施智慧农业、数字农业行动计划，不断加强现代信息技术、物联网技术在设施农业上的应用。三是提升后端的社会化服务体系。充分利用政府公共信息服务力量，建立广西设施农业大数据平台，提升信息收集、分析、研判、发布等水平。积极发挥第三方中介机构、智库机构等专业力量，为设施农业园区和经营主体提供规划、产品策划等服务，提升设施农业产业发展的层次水平。扶持培育一批病虫害统防统治、农业污水废水处理、秸秆粪污资源化利用等专业化服务主体，强化设施农业生产服务保障。加强设施农业经营主体的营销培训，为其开展微信公众号、各类App、直播带货等新业态市场营销搭建平台、优化服务。

3. 建立主推技术设施的清单

围绕广西的"6＋N"设施农业产业体系以及全区各地主推的设施农业模式，聚焦重点产业、关键环节、主要设备，综合集成、分类筛选出一批主推技术设施，建立符合广西农业生产实际的各类设施农业主推技术设施清单（表7-1），科学指导、规范引领全区设施农业提升生产水平。

表7-1 广西设施农业主推技术设施清单

设施农业类型	主推技术设施
设施蔬菜	设施蔬菜集约化优质高效育苗技术、设施蔬菜优质绿色简化栽培技术、高品质设施蔬菜基质无土栽培技术、设施蔬菜生产机械化技术、设施蔬菜病虫害绿色防控技术等

（续）

设施农业类型	主推技术设施
设施水果	水肥一体化精准管控简化栽培技术、设施辅助病虫害绿色防控技术、光温调控设施水果提质增效栽培技术、设施瓜果优质简约化栽培技术、设施西甜瓜优质绿色双减简约化栽培技术等
设施桑蚕	小蚕共育标准技术、专业化大蚕集约饲料养殖技术、集约化省力化高效养蚕技术、蚕病综合防控技术等
设施食用菌	菌棒自动化高效生产技术、工厂化周年生产技术、本地原料绿色循环生产技术、菌渣综合利用技术、秀珍菇设施化高效栽培技术等
设施畜牧业	生猪工厂化生态养殖技术、肉（蛋）鸡封闭多层笼养生态养殖技术、肉羊标准化饲养管理技术、肉鸭规模化高效生产技术、奶牛精准饲养技术等
设施渔业	深海抗风浪网箱养殖技术、陆基高位圆池循环水养殖技术、养殖水质调控与尾水生态治理技术、淡水工厂化循环水健康养殖技术、池塘"一改五化"集成养殖技术等

三、突出队伍建设，建立人才大体系

1. 打造产业专家团队

充分发挥自治区主席院士顾问的作用，推动受聘的农业领域院士带动各自单位、团队加强与自治区设施农业在人才、技术、项目、资金等方面的合作，成为指导、助力自治区设施农业发展的高端智囊团。持续推进现代农业产业技术体系创新团队建设，把设施农业科技创新作为其服务、攻关的重点领域，大力开展适应性品种选育、关键性技术攻关和现代化设施集成。依托广西农业科技创新联盟，在广西农业产业科技先锋队的基础上，组建广西设施农业（如蔬菜）产业专家团队，面向全区设施农业园区（基地）和企业开展技术指导、标准制定、产品服务等，确保设施生产高质高效和增产增收。大力推动"揭榜挂帅""部省联动"等机制创新，优化自治区农业农村创新创业环境，创建一批高水平的现代农业产业园、科技园、创业园等创新创业平台，吸引全国更多的设施农业领军人才、领军团队和优质创新资源到广西安家落户、创新创业，重点加强与中国科学院、中国农业科学院、中国热带农业科学院等国家战略科技力量的协同创新。

2. 壮大经营管理人才队伍

加强对设施农业园区负责人、集体经济组织负责人、农民合作社理事长和家庭农场负责人在经营管理、生产技术等方面的培训，提升设施农业经营管理人才队伍的综合素质。围绕全区各地主推的设施农业模式，自治区农业农村厅联合自治区农科院每年组织开展管理培训、业务学习、现场观摩等系统化的设施农业培训，提高设施农业经营主体的生产经营水平。鼓励大中专院校毕业生返乡就业、退伍军人入乡创业、科研单位专业人才离岗创新，到设施农业领域从事生产经营活动，并在税费、落户、住房保障、职称评定、子女入学等方面给予政策倾斜。

3. 培育高素质从业人员队伍

大力培养设施农业职业经理人、技术骨干、高素质农民等，构建设施农业生产有生力量。推动区内涉农院校开设设施农业课程，培养掌握设施农业生产、管理、经营基本知识和"懂技术、会生产、能经营"的专业技能型人才。把设施农业培训内容作为实施高素质农民培育工程的重要方面，强化对现有从业人员的技能培训，让更多的农民成为设施农业生产经营的行家里手。力争到2025年，按照蔬菜大棚每10亩、畜禽养殖每100头（禽类每万羽）、设施渔业每1 000平方米，各配备1名技术型高素质从业人员。

四、统筹多元投入，构建投资大渠道

1. 明确财政资金"怎么投"

加大财政资金对设施农业的倾斜和支持力度，重点解决设施农业"高投入"的"门槛"问题。在自治区层面设立设施农业发展专项资金，自治区财政预算从农业产业化、"菜篮子"、新型农业经营主体等扶持资金中每年统筹安排一定数量的资金用于设施农业发展，重点补贴新建的工厂化育苗棚（室）、蔬菜设施大棚、果蔬智能水肥一体化系统、食用菌菌包生产线、出菇大棚和工厂化生产车间、小蚕共育室和大蚕车间、畜禽生态栏舍、陆基高效设施渔业、深水抗风浪养殖网箱以及支持设施农业科技研发、设施农业服务体系建设等，补贴资金采用项目申报、先建后补和贷款贴息等方式，由自治区农业农村厅制定并公布项目具体申报实施办法。整合乡村振兴衔接资金，将设施农业作为衔接资金投入乡村产业振兴的重要载体，统筹协调切块到各县的国家和自治区乡村振兴衔接资金中支持特色优势产业的部分优先用于发展设施农业。

2. 规范社会资金"怎么进"

畅通社会资金下乡的制度性通道，强化规划和政策导向，明确把设施农业作为工商资本进入农村投入农业的重点领域，优化工商资本投入设施农业的投融资环境，提供有关政策法规和信息化服务，规范有序引导各类社会资金投入设施农业。由农业农村部门和农投企业牵头，加快建立广西设施农业项目对接平台，储备市县设施农业重点项目库并向工商资本公开发布，引导资本、金融与产业有效对接，为更加多元化的资金进入设施农业搭建平台、提供服务。积极探索社会资金进入和退出设施农业的多元化方式，鼓励社会资金以联合、联营、集资、入股等方式参与设施农业生产经营，探索通过资产证券化、股权转让等方式盘活设施农业项目存量资产。

3. 引导农民资金"怎么用"

充分调动农民发展设施农业的积极性，鼓励小农户通过村级集体经济、农业产业化联合体、入股参与设施建设等方式进入设施农业全产业链，引导小农户自愿增加投入发展适度规模、适度技术集成的设施农业。积极引导和鼓励农民组建设施农业专业合作经济组织，形成产业化、组织化的生产经营模式，实现"抱团"发展。针对小农户发展设施农业资金实力弱的实际，建立健全针对设施农业的差异化、精准化小额信贷服务，对不同设施规模和资金投入的小农户或经营主体，给予不同额度信贷支持，用足用好支农支小再贷款再贴现等优惠信贷政策。

4. 创新金融资金"怎么扶"

在信贷支持上，鼓励运用政策性融资担保等方式依法合规为设施农业主体融资增信，创新设施农业投融资担保模式，开展以农业龙头企业为核心的设施农业供应链融资担保模式，探索以土地承包权、农业设施、种植作物和活体动物等为贷款抵押物的抵押方式，实行优惠贷款利率，解决发展设施农业信贷资金短缺困难。在保险支持上，在政策性农业保险中增加设施农业险种，对参加设施农业保险的农户、家庭农场、农民合作社、农业企业，自治区级财政给予20%的保费补贴，市、县两级财政给予20%以上的保费补贴，鼓励市县根据当地产业优势适当提高保费补贴比例。在债券支持上，将设施农业项目纳入债券发行重点支持范围，利用新增政府债券倾斜支持设施农业生产、农产品仓储保鲜冷链物流等领域中符合政府债券发行使用条件的项目，扩大设施农业发展有效融资渠道。

五、强化政策支持，优化发展大格局

1. 深化设施农业用地保障

按照《自然资源部 农业农村部关于设施农业用地管理有关问题的通知》（自然资规〔2019〕4号）、《自然资源部 农业农村部 国家林业和草原局关于严格耕地用途管制有关问题的通知》（自然资发〔2021〕166号）和《广西壮族自治区自然资源厅 广西壮族自治区农业农村厅关于进一步加强和规范我区设施农业用地管理的通知》（桂自然资规〔2020〕3号）等文件精神，在严守耕地和永久基本农田红线、生态保护红线的前提下，探索因地制宜、因地施策的办法，多渠道拓展设施农业用地空间。一是大力推进属于农业用地类型的设施农业发展，当前广西的大棚设施蔬菜、水肥一体化设施水果等设施农业都是属于农业用地范畴，这类不破坏耕作层的设施农业在配套用地上空间大、可操作性强，要作为主推模式和主要发展方向进行大力发展。二是鼓励和支持利用荒地、滩涂、坑塘水面以及低效闲置建设用地等非耕地，拓展发展设施农业。三是在不破坏林业资源的前提下，充分利用林地发展林下设施种植，进一步拓宽设施农业发展空间。

2. 强化设施农业用地监管

在确保粮食安全的前提下，不断完善设施农业的用地保障机制，大力支持设施农业发展。自然资源、农业农村等主管部门以及乡镇人民政府应将设施农业用地纳入日常管理，加强监督，建立制度，分工合作，形成联动机制，其中自然资源部门要加强对设施农业用地中土地利用和土地复垦的监管；农业农村部门要加强设施农业建设和经营行为的日常监管；乡镇人民政府要建立设施农业管理台账，并将设施农业用地使用纳入土地动态巡查范围。加强对符合设施农业用地条件的经营者进行指导，强化设施农业用地的实施跟踪，尤其是对新增设施农业用地用途和规模要做好监管。

3. 细化设施农业支持政策

严格对照国家有关部委最新政策，结合广西不同时期的现代特色农业发展需要，做好土地利用总体规划与农业产业规划等相关规划的衔接，农业农村部门与自然资源部门加快研究并分类制定符合广西实际情况的设施栽培（含蔬菜、水果、食用菌、中药材、花卉等）、设施养殖（含畜禽、桑蚕等，淡水和海水渔业养殖等）等用地标准及政策，探索在县域范围内实现设施农业发展与土地利用配套衔接。加强对设施农业的用地范围和选址要求、不占用一般耕地的设施农业用地办理流程、占用一般耕地的设施农业用地办理流程等政策的宣传，引导经营主体合理开发设施农业业态和扩大设施农业规模。制定科学合理的土地流转机制，引导农户集中连片流转土地，整合土地资源，为设施农业规模化发展提供条件。

4. 优化设施农业营商环境

一是大力招商引资，让企业来得了。把招商引资作为设施农业发展的一项重要举措，以优惠政策招商，以园区承载企业，以绿色通道服务项目落地，利用农交会等活动大力开展设施农业招商引资。将设施农业招商作为 2022 年自治区现代农业产业招商工作的重点，到山东、天津、北京、广东等地就设施蔬菜、设施农业装备、设施农业科技、农产品销售等重点领域和环节进行对接，争取引进一批资本雄厚、技术先进、发展经验丰富、市场渠道宽阔的设施农业龙头企业入驻广西。二是给予税费优惠，让企业留得下。继续执行已出台的涉农企业优惠政策，加强设施农业规模化基地的水、电、道路、通信等配套建设，对设施农业生产、加工用水用电按照农业用水用电收费，实行支持设施农业发展的税收优惠政策。三是制定指导手册，让企业懂得干。由自治区农业农村部门牵头，设施农业产业专家团队负责制定本设施产业指导手册，指导企业按照手册规程来打造标准化、科技化、高效化的设施农业。四是支持打造园区，让企业壮得大。支持具备一定基础条件的设施农业企业（基地）开展园区创建，将设施农业发展指标列入现代农业产业集群、农产品特优区、现代特色农业示范区、田园综合体等项目的评审体系，对于项目区内设施农业规模、产值占比大的项目优先给予认定和立项。

主要参考文献

陈青云，2014. 戈壁奇葩 新疆阿克苏市良种场设施农业礼赞 ［M］. 北京：中国农业大学出版社.

崔明端，李瑞芬，周玥涵，2013. 北京设施农业发展的问题与对策研究 ［J］. 北京农学院学报，28（2）：76-77.

杜艳艳，2010. 国内外设施农业技术研究进展与发展趋势 ［J］. 广东农业科学，37（4）：346-349，368.

付姝宏，2014. 发展设施农业 增加农民收入的几点思考——以辽宁省朝阳市设施种植农业为例 ［J］. 农业经济，6：62-63.

郭世荣，孙锦，束胜，等，2012. 我国设施园艺概况及发展趋势 ［J］. 中国蔬菜（18）：1-14.

李浩，2021. 我国设施农业发展现状、障碍及对策研究 ［J］. 南方农机，52（23）：34-37.

李甄真，2020. 临安区设施农业发展的对策研究 ［D］. 杭州：浙江农林大学.

骆飞，徐海斌，左志宇，等，2020. 我国设施农业发展现状、存在不足及对策 ［J］. 江苏农业科学，48（10）：57-62.

汤爱明，2021. 我国现代设施农业装备技术的研究现状及发展对策 ［J］. 新农业（20）：43-44.

王丹，2018. 大连金普新区设施农业发展对策研究 ［D］. 大连：大连理工大学.

王甜甜，2017. 中国设施农业发展研究［D］. 荆州：长江大学．

吴志勇，2018. 基于 SWOT 分析的闽北地区设施农业发展对策研究［D］. 福州：福建农林大学．

邢希君，宋建成，杏伶艳，等，2017. 设施农业温室大棚智能控制技术的现状与展望［J］. 江苏农业科学，45（21）：10-15.

徐茂，邓蓉，2014. 国内外设施农业发展的比较［J］. 北京农学院学报，29（2）：74-78.

杨其长，魏灵玲，刘文科，等，2012. 中国设施农业研究现状及发展战略［J］. 中国农业信息（11）：22-27.

杨曙辉，宋天庆，欧阳作富，等，2011. 关于我国设施农业可持续发展问题的战略研究［J］. 农业科技管理，30（5）：1-5.

曾飔婷，顾卫兵，张跃峰，等，2015. 设施农业"走出去"路径初探［J］. 世界农业，12：217-220.

翟子鹤，贾邱颖，2018. 浅析中国设施农业发展现状及对策［J］. 现代园艺（11）：183-184.

张柏铭，王丽影，2014. 发展设施农业机械装备的思考［J］. 吉林农业（17）：51.

张巧利，杨霞，2014. 科技支撑天津市设施农业发展的路径探析［J］. 天津农业科学（1）：82-84.

张逸曼，李智超，魏德欣，2019. 设施农业技术现状与展望［J］. 河北农机（9）：17-18.

张震，刘学瑜，2015. 我国设施农业发展现状与对策［J］. 农村经济问题（5）：64-70.

赵学莲，2019. 江苏岗埠农场高效设施农业发展现状与对策研究［D］. 南京：南京农业大学．

郑海燕，2013. 设施农业发展过程中的问题及解决措施［J］. 吉林农业（4）：2-3.

周莹，王双喜，2010. 设施农业发展研究进展［J］. 现代农业科技（1）：

257 - 258, 261.

ALI MOHAMMADI, MAHOUD OMID, 2013. Economical Analysis and Relation between Energy Inputs and Yield of Greenhouse Cucumber Production in Iran [J]. Applied Energy (87): 191 - 196.

AQEEL-UR-REHMAN, ABU ZAFAR ABBASI, NOMAN ISLAM, et al. , 2014. A Review of Wireless Sensors and Networks Applications in Agriculture [J]. Computer Standards, 36: 263 - 270.

BURHAN OZHAN, AHMET KURKLU, HANDAN AKCAOZ, 2013. An Input-output Energy Analysis in Greenhouse Vegetable Production: A Case Study for Region of Turkey [J]. Biomass, 26 (2): 89 - 95.

图书在版编目（CIP）数据

广西设施农业发展研究 / 林树恒等编著. —北京：
中国农业出版社，2022.12
ISBN 978-7-109-30213-6

Ⅰ.①广… Ⅱ.①林… Ⅲ.①设施农业—农业发展—
研究—广西 Ⅳ.①F327.67

中国版本图书馆 CIP 数据核字（2022）第 218372 号

中国农业出版社出版
地址：北京市朝阳区麦子店街 18 号楼
邮编：100125
责任编辑：潘洪洋
版式设计：王　晨　责任校对：刘丽香
印刷：北京通州皇家印刷厂
版次：2022 年 12 月第 1 版
印次：2022 年 12 月北京第 1 次印刷
发行：新华书店北京发行所
开本：700mm×1000mm　1/16
印张：9.5
字数：115 千字
定价：58.00 元
